楽しむ　うたがう　議論する

アニマシオンで道徳

岩辺泰吏 & 読書のアニマシオン研究会 編著

かもがわ出版

はじめに
子どもと創る道徳の授業
読書のアニマシオンからの提案

岩辺泰吏　読書のアニマシオン研究会代表

1 ● 道徳から広い世界へいざなう

　小・中学校の学習指導要領が一部改正され、「教科としての道徳」が始まりました。これまでは、副読本であった教材集が、使用義務のある教科書となりました。

　小学校の道徳教科書8社すべてを読んでみましたが、いずれも10分程度で読み終えて、45分間の授業時間内で学習が終えられるよう、4〜6ページにまとめられています。そのために、名作として評価の高い作品も、短くすることで原作に描かれている登場人物たちの葛藤などが抜け落ちてしまい、潤いの乏しいものになっている例があります。また、絵本として愛されてきた作品から、絵がカットされて、絵本としての豊かさが失われています。

　豊かな学びのためには、豊かな教材を準備することが必要です。教材研究の基本は、「何を、どう教えるか」ということにあります。今、現場の議論は「何を」と問わず、「どう教えるか」に傾いているように見えます。「どう教えるか」は、「何を」によって決まってくるものです。「何を」は、子どもたちがどのようなテーマを求めているか、そのためにはどのような素材を準備するかということになります。

そのときに、豊かな内容を与えてくれるのが子どもの本であると思います。子どもの本の中には、すべてがあります。子どものまっすぐな目で見た世界の物語は、私たちに希望の語り方を教えてくれます。本書で紹介する絵本・264冊の読みもの・紙芝居はどれも読みごたえのあるものであり、あなたの問いにこたえ、子どもたちと分かち合えるものとなるでしょう。

2 ● アニマシオンで道徳——私たちの提案

アニマシオンは、18世紀、フランス革命期に広がった民衆教育運動に端を発する市民の社会文化運動です。20世紀、くり返された戦争の反省に立って、ひとりひとりが自らの主人公として豊かに生きることが真に平和を支えるというコンセンサスに基づいて、フランスにおいて社会・文化・スポーツ・青少年施策として確立されてきたものです。

読書は、ひとりひとりの問いに答え、新しい問いを生み、広い世界へいざない、心の友を与え、豊かな言葉を培うものです。「読書のアニマシオン」は、本を囲んで楽しいひとときを共有体験することによって読書にいざなう参加型の読書活動です。そう考えると、図書館は、さまざまな交流と学習の豊かな可能性を持つ場といえます。考え方、好み、習慣、文化の違う人々が集まる場所であり、それぞれの悩みや知的好奇心、暮らしの要求…等々に応えることのできる広場です。だから、私たちは「読書のアニマシオン」を、「子どもの心に本をとどける」運動であると表現しています。

学校も、教室もまたそうでありたいと思います。そうであることが求められる時代に入ってきました。「特別な教科としての道徳」が、ある「価値」を一方的に与えていくことにならないようブレーキをかけていたいと思います。4領域・22項目の道徳的目標の主題は、どれもみんなで考えてみる必要のあるテーマです。毎日のできごとを話し合うことから深められるものも少なくありません。また、絵本や読みもの・紙芝居を授業に持ち込むことによって、議論を生み出すことで深められるものもあります。それを、「楽しむ・うたがう・議

はじめに

論する」学び合いと考え、ここに、アニマシオンを軸とした授業の実践案と、絵本や読みもの・紙芝居のガイドをそろえてみました。この本が、みなさんの教室や図書館の時間をより豊かなものとするようお役に立てることを願っています。

3 ● 授業づくりと作品ガイド──本書の特色

授業づくりの具体的提案

この本の特色の第１は、子どもにとってより興味深い切り口から、活動的な学びに入っていくアニマシオンを取り入れた授業づくりを、具体的に提案していることです。それが第１章です。アニマシオンの基本的なコンセプトは「楽しさ・推理・協同」です。仲間とともに考える「楽しいひととき」を創り出すことです。ここはアニマシオンクラブの若手教師を中心に担当しました。

264冊の絵本・読みもの・紙芝居ガイド

この本の特色の第２は、第２章の絵本・読みもの・紙芝居のガイドにあります。「読書のアニマシオン研究会」20年の実践と研究の蓄積を踏まえ、４領域・22項目の「道徳の内容項目」(以下、徳目)に沿って作品をあげています。領域と徳目には、解説を付けています。さらには、教室で読み聞かせたり、ブックトークをしたり、さらにアニマシオンを取り入れて、子どもたちを広い世界へいざなうことができるよう、作品ごとにコンパクトな紹介文を添えてあります。

4 ● 楽しむ・うたがう・議論する道徳を

いつでも子どもの側から

「道徳性」は教え込まれて身につくものではなく、子どもたちがお互いの問題として議論し、その過程を通して納得し、獲得していくものであると考えます。そういう意味では、物事の考え方を教える「哲学」に学ぶ必要があり、哲学

そのものの授業であると言ってもいいと思います。道徳の主題や授業の在り方も、子どもの側から問い直すことが大切だと思います。

　家庭内における子どもの虐待が、くり返し報道されています。このような事件は、家族とは何か、家族愛とは何かを、子どもの側から深く問い直すことを求めています。教室で家族愛を学んでいるとき、そこに家庭での苦しみを抱えた子どもはいないでしょうか。

　目の前にいる子どもひとりひとりの現実から出発すること——はじめに子どもありきと、考えていきたいと思います。

オープン・エンドもあり

　提案の1つは、オープン・エンドで論議することです。

「オープン・エンド」とは、「まとめ」のない授業だということではありません。「ねらい」や「まとめ（着地点）」のない授業計画はありえません。しかし、とりわけ道徳の授業の場合、はじめに「本時のねらい」として徳目が提示されてしまえば、子どもたちにはすでに「着地点」は見えていて、しらけてしまう場合が少なくありません。したがって、「ねらい」を示さず、テキスト（資料）を囲んでフリーな議論から始めるという展開が考えられます。そして、議論が盛り上がれば、その経過を確認し合ったうえで、次の授業でさらに深めて、まとめていくということもあるでしょう。子どもたちと創りあげていく授業をめざしたいと考えます。

議論の習慣を育てよう

　日本には議論の習慣がありません。むしろ、「事を荒立てない」「争いごとを避ける」という習慣のほうがしみついています。子どもたちもおしゃべりは果てしないのですが、「みんな」の話題に合わせていくよう努力し、孤立をしないように気づかいをしています。今、そこに1つのテーマを持ち込み、わいわいと議論していきたいと思います。

　たとえば、『東京新聞』（中日新聞東京本社）の「発言」欄は、週1回「若者の声」

はじめに

特集となっていて、2019年5月4日では次のような投書が並んでいました。「歌手の夢向け　努力を続ける」、「花から学んだ職場体験」、「ドラマに感銘　看護師目指す」、「韓国人とハグ　交流育みたい」、「ライトノベル　内容で判断を」、「食事の文化を　家庭科で体感」。「食事の文化を」は13歳ですが、他はいずれも14歳の中学生の投稿です。

　このページをグループ数用意して、それぞれの関心の強い「声」について話し合い、全体で交流した後、各自が自分のテーマで「声」を書いてみるのはどうでしょうか。議論を楽しむという習慣を育てていきたいと思います。

あらゆる機会を通して

　アニマシオンは、「楽しいひととき」をつくるいとなみです。それは、「仲間と協同すること」を楽しみ、「広い世界を発見し」、「自分の意見をもつ」人に育っていくことです。あらゆる機会をとおして、「問い」をもつ人、「流されない・自立した」人（市民）を育てていくことがアニマシオン本来の役割です。

　道徳教育は、45分や50分の「教科」の枠の中だけで行われるものではありません。道徳性はあらゆる機会を通して育まれていくものです。子どもたちが、楽しい、よくわかる、大事にされている…と思える環境（家庭・学校・地域など）で育まれていけば、人を愛し、社会に積極的に関わり、自分もその担い手として生きていこうという意欲が育っていくでしょう。

私たちの「道徳」をつくり直そう

　4領域・22項目の徳目に沿ってリストをつくるという作業は、当初考えていたほどに簡単なものではありませんでした。絵本や児童文学は、子どもの視点に立って物語られる文芸です。この世界は矛盾に満ちてはいるが、魅力ある豊かなものであり、人生は生きるに値するものであることを伝えようとしていますが、「規則の尊重」であるとか、「礼儀」「親切」を大事にすることを教えようとして書かれてはいないからです。

　名作と評価の高い絵本や物語・詩が、道徳の教科書に採用され、特定の徳目

に置かれたとき、その作品の読みは「徳目」という終着点を目指して矮小化されていく危惧をもちます。

それは、「道徳性の在り方」を22項目にしぼること、さらにその 解釈に枠をかけていることの無理からくるものであると思います。根本には「道徳の内容・在り方」についての国民的な議論がなされず、合意が形成されていないという問題があるのだと思います。

5 ● 日本国憲法や世界の人権思想に学ぶ

では、私たちの「道徳性」の根拠はないのでしょうか。私たちは、人権や平和の大切さを掲げた日本国憲法の心にそれを求めたいと考えます。それは、世界人権宣言や子どもの権利条約にもつながっているものです。今年2019年は、国連が「子どもの権利条約」を採択して30周年にあたります。あらためて、これらの条文に込められた精神を学び直したいと思います。

世界人権宣言については、わずかに1社の6年生教科書が取り上げているに過ぎません。日本国憲法に至っては、ふれている教科書はありません。

絵本や読みもの・紙芝居には、「平和」の大切さを正面から問う作品がたくさんありますが、「平和」という言葉は、小学校の「内容項目」では登場しません。たとえば、日本国憲法の基本理念である「平和」は、今日の世界の切実な課題です。それ自体がひとつの絶対的な価値といえます。したがって、紙芝居ガイドでは、「平和」という項目を設定して8冊を並べています。

また、紙芝居では「世界の昔話」という項目を設定しました。が、多様な感想が予想され、おもしろい議論が期待できます。与えられた徳目から出発するのではなく、まず目の前の子どもたちに、これからの世界を生きていくために必要なテーマ・価値を、私たち自身が議論し合って再構成していくことが大切ではないでしょうか。

はじめに

6 ● あらためて読書と読み聞かせの力について

　ここであらためて、読書と読み聞かせの力について、ふれておきたいと思います。子どもたちは今、あまりにも忙しく、放課後も習い事、宿題に追われています。読書はその後で…と、追いやられています。教室での読み聞かせもなかなかその時間が生み出せないということになっていないでしょうか。読書は子どもにとって未知の世界への旅であり、挑戦です。この経験が、現実世界での冒険に踏み出す勇気と友を与えてくれます。しかし、子どもの冒険の旅にはパートナーが必要です。読書はその確認の時間であり、安心の場です。読み聞かせは、私たちが冒険のパートナーとなり、安心の母港となる行為です。学ぶこともまた、未知の世界への旅です。この本に並べた264冊は、子どもたちと分かち合っていただきたい読書と読み聞かせのガイドです。

　道徳教育は、この世界の在り方を考え、「ぼくたちはどう生きるか」を語り、希望を語ることです。子どもたちは、私たちのパートナーです。この時代を共に歩いていく仲間です。

　東京都内のある公立小学校では、職員室や教室に掲げてある教育目標はただひと言＝「共に生きる」です。非常に新鮮な印象をもちました。これは、今を生きる私たちが腹に据えるべき道徳性、生き方ではないでしょうか。「共に生きる」──今、ここからスタートしたいと、私たちは考えます。

CONTENTS
楽しむ・うたがう・議論する アニマシオンで道徳

はじめに

子どもと創る道徳の授業
読書のアニマシオンからの提案　　　　　　　　　岩辺泰吏　3

1 ● 道徳から広い世界へいざなう

2 ● アニマシオンで道徳——私たちの提案

3 ● 授業づくりと作品ガイド——本書の特色

4 ● 楽しむ・うたがう・議論する道徳を

5 ● 日本国憲法や世界の人権思想に学ぶ

6 ● あらためて読書と読み聞かせの力について

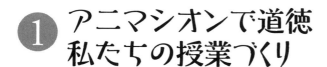

17

● **小学校**

　A　主として自分自身に関すること

　1　個性の伸長
　てん（the dot）　あなたの中にあるよさ　　　　石井広昭　18

B　主として人との関わりに関すること

2　感謝
そりゃあもう いいひだったよ
何気ない毎日がたからもの　　　　　　　　　　　宮崎大策　24

3　友情・信頼
仲間はずれファン（FUN）
やってはいけないことほど、楽しいことはない　　　藤條 学　30

4　相互理解・寛容
みんなおんなじ？　絵本×自分×あなた＝？　　　藤條 学　36

5　相互理解・寛容／友情・信頼
サッカーとバナナの話　ユーモアで人種差別に反対する　笹島朋美　41

C　主として集団や社会との関わりに関すること

6　国際理解・国際親善
サプール　エレガントにかける男たち　　　　　　宮崎大策　47

D　主として生命や自然、崇高なものとの関わりに関すること

7　生命の尊さ
希望の牧場　福島であったこと、忘れない　　　　笹島朋美　53

● 中学校

B　主として人との関わりに関すること

8　相互理解・寛容
アイデンティティのオークション
自分の個性や他者のよさを知る　　　　　　　　　　笠井英彦　62

D　主として生命や自然、崇高なものとの関わりに関すること

9　よりよく生きる喜び
みんなのなやみ　あなたの体験が役に立つ　　　　笠井英彦　70

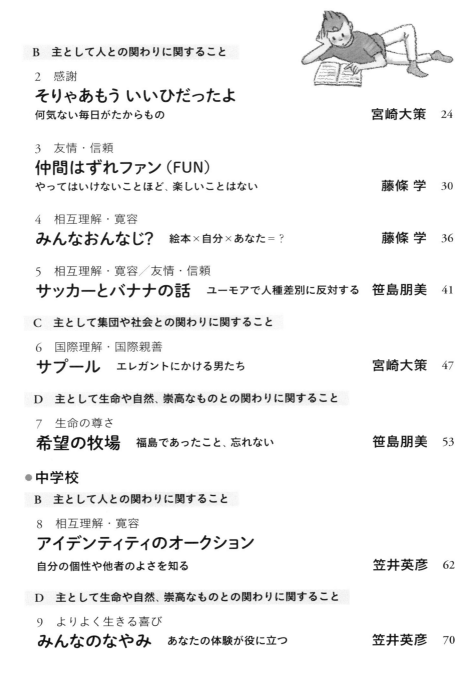

道徳4つの領域・22の徳目で紹介
絵本・読みもの・紙芝居ガイド 77

● 絵本・読みもの

A 主として自分自身に関すること

生きることの意味を考える　　　　　　　渡部康夫　78

1　善悪の判断、自律、自由と責任　　千田てるみ　80
あたまのなかのそのなかは？／しげちゃんとじりつさん／うわさごと／自由って、なに？／春待坂をのぼる／続 10歳の質問箱／タイガー・ボーイ／ネルソン・マンデラ／君たちはどう生きるか／ファニー

2　正直、誠実　　平島和子　84
いじわるなないしょオバケ／おこだでませんように／皇帝にもらった花のたね／うそ／ざぼんじいさんのかきのき／はだかの王さま／ほんとうのことをいってもいいの？／弟は僕のヒーロー／チョコレート・アンダーグラウンド／ナゲキバト

3　節度、節制　　滝脇れい子　88
アンナの赤いオーバー／とにかくさけんでにげるんだ／もったいないばあさん／世界でいちばん貧しい大統領のスピーチ／ハンナの学校／めざしてみよう　計画の名人／テオの「ありがとう」ノート／モギ／もっともっと、速くなれる／仕事とお金

4　個性の伸長　　田邉妙子　92
ジャガーとのやくそく／ゆっくりが　いっぱい！／あたまにつまった石ころが／ぼくだけのこと／盲導犬不合格物語／おんちゃんは車イス司書／ちがいを豊かさに／ひとつのいのち、ささえることば／自閉症の僕が跳びはねる理由／ダーウィンと出会った夏

5　希望と勇気、努力と強い意志　　津金由美　96
時計つくりのジョニー／わたしがノーベルしょうをとったわけ／ウエズレーの国／ぼくのクジラ／耳の聞こえないメジャーリーガー ウィリアム・ホイ／勇気の花がひらくとき／ピートのスケートレース／ヘンリー・ブラウンの誕生日ヤクーバとライオン／はじまりの日

6　真理の探究　　根岸由美子　100
いつも　みていた／海／ながいながい骨の旅／深く、深く掘りすすめ！〈ちきゅう〉／もしぼくが本だったら／絵とき ゾウの時間とネズミの時間／わたしはガリレオ／宇宙への秘密の鍵／円周率の謎を追う／紙の砦

B　主として人との関わりに関すること

身近だからこそ 多様な視点で　　　岩辺泰吏　104

7　親切、思いやり　　渡部康夫　106
あひるの手紙／すずめのくつした／せなかをとんとん／せかいで いちばん すてきな ないしょ／Oじいさんのチェロ／しっぱいにかんぱい！／どんなかんじかなあ／髪が つなぐ物語／ぶたばあちゃん／かならずお返事書くからね

8　感謝　　渡部康夫　110
ありがとうっていいもんだ／おじいちゃん／テスの木／おかあさん、げんきですか。／だいすきなおばあちゃん／わたしから、ありがとう。／ありがとう、フォルカーせんせい／おじいちゃんは水のにおいがした／銀の匙／手をつなごうよ

9　礼儀　　廣畑 環　114
おさきに どうぞ／世界のあいさつ／せなかのともだち／カルペパー一家のおはなし／ともだちは、サティー！／出発／チキン！／まっすぐな地平線／希望の地図／疾風の女子マネ！

10　友情、信頼　　金指孝造　118
ともだち／なんでももってる（？）男の子／あのときすきになったよ／ふしぎなともだち／レアの星／世界で一番の贈りもの／百まいのドレス／冒険者たち／しらんぷり／一〇五度

11　相互理解、寛容　　大谷清美　122
ガンピーさんのふなあそび／ともだちのときちゃん／トムのほんとうのうち／なんでも相談ひきうけます／君の話を聞かせてアーメル／ジョージと秘密のメリッサ／難民になったねこ クンクーシュ／炎をきりさく風になって／あん／おいぼれミック

C　主として集団や社会との関わりに関すること

社会や人との関わりを広い視野から　　　田所恭介　126

12　規則の尊重　　増田栄子　128
としょかんライオン／ひとはみな、自由 世界人権宣言／子どものための コルチャック先生／わたしも水着を着てみたい／井上ひさしの 子どもにつたえる日本国憲法／かさをささないシランさん／子どもによる子どものための「子どもの権利条約」／図書館に児童室ができた日／日本国憲法／茶色の朝

13 公正、公平、社会正義　平嶋悦子　132

いちばんつよいのはオレだ／てるちゃんのかお／おんなのこだから／発電所のねむる
まち／ぼくのものがたり あなたのものがたり／二番目の悪者／ローザ／わたし いや
やねん／ワンダー／わたしは、わたし

14 勤労、公共の精神　太田和順子　136

パパのしごとはわるものです／いっぽんの鉛筆のむこうに／ただいまお仕事中／はた
らく／ぼくのブック・ウーマン／イクバル／海時計職人ジョン・ハリソン／町工場の
ものづくり／ルリュールおじさん／生きるぼくら

15 家族愛、家庭生活の充実　福田孝子　140

だいじょうぶ だいじょうぶ／パパのところへ／ぼくのおとうさんははげだぞ／かあさ
んをまつふゆ／パパと怒り鬼／イソップ株式会社／唐木田さんち物語／忘れないよ
リトル・ジョッシュ／さよなら、スパイダーマン／バッテリー

16 よりよい学校生活、集団生活の充実　増田栄子　144

あかい ほっぺた／教室はまちがうところだ／がらくた学級の奇跡／まなぶ／いい人
ランキング／なんで学校に行きたくないんだろう？／ぼくたちはなぜ、学校へ行くの
か。／夜間中学へようこそ／中学生の夢／フラダン

17 伝統と文化の尊重、国や郷土を愛する態度　廣畑 環　148

へいわってすてきだね／雨をよぶ龍／イオマンテ／ワンガリ・マータイさんとケニア
の木々／有松の庄九郎／3/11 キッズ フォト ジャーナル／人間が好き／ぼくはマサイ
／ AWAY に生まれて／木に学べ

18 国際理解、国際親善　田所恭介　152

せかいのひとびと／すごいね！ みんなの通学路／世界がもし100人の村だったら／
図書館ラクダがやってくる／彼の手は語りつぐ／幸せとまずしさの教室／ナビラとマ
ララ／種をまく人／はるかな旅の向こうに／報道カメラマン課外授業

D 主として生命や自然、崇高なものとの関わりに関すること

つながりを考えて読もう　　　　　　　　　　小山公一　156

19 生命の尊さ　小山公一　158

いのちのおはなし／いのちのまつり「ヌチヌグスージ」／いのちは見えるよ／いのち
はめぐる／いきてるって どんなこと？／希望の牧場／せいめいのれきし／ちっちゃ
いさん／青葉の笛／いのち愛づる姫

20　自然愛護　　大谷清美　162

おじいちゃんのカブづくり／おはつ／山に木を植えました／わたしたちのたねまき／川はよみがえる／ゴリラが胸をたたくわけ／地球温暖化、しずみゆく楽園ツバル／糸に染まる季節／生きものがきえる／森はだれがつくったのだろう？

21　感動、畏敬の念　　石井啓子　166

あさの絵本／カランポーのオオカミ王／北をめざして／クマと少年／森のおくから／月夜の みみずく／マッチ箱日記／森へ／子どもたちの遺言／鹿よ おれの兄弟よ

22　よりよく生きる喜び　　粟原圭子　170

じいじのさくら山／マララのまほうのえんぴつ／リディアのガーデニング／虔十公園林／つみきのいえ／6この点／バイバイ、わたしの9さい！／口で歩く／ぼくらの山の学校／16歳の語り部

●紙芝居　　　　　　　　　　　　　　　　　　　　　　　　　**菊池好江**

教室で紙芝居を 道徳の授業に生かすアイディア　　泉 宜宏　174

A　主として自分自身に関すること　　178

たのきゅう／あとかくしの雪／うまいものやま／かさじぞう／しあわせの王子／モチモチの木／貝の火／グスコーブドリの伝記

B　主として人との関わりにすること　　180

おかあさんまだかな／がんばれ！ 勇くん／シュークリームのおきゃくさま／ふうたのはなまつり／すてきな おにいさん／花かごわっしょい／おさんだぬきとかりゅうど／よさくどんのおよめさん

C　主として集団や社会との関わりに関すること　　182

さるかにがっせん／たべられたやまんば／どきどきうんどうかい／ねこのおかあさん／子そだてゆうれい／ぞろぞろ／とんだちょうじゃどん／うばすて山

D　主として生命や自然、崇高なものとの関わりに関すること　　184

くちのあかないカバ ヒポポくん／だんごむしのころちゃん／どんぐりのあかちゃん／うみにしずんだおに／おかあさんのはなし／くじらのしま／なめとこ山のくま／ねこはしる

特別編①　世界の昔話　186

おとうさん／トラよりつよいカエルくん／アリとバッタとカワセミ／やせためんどりとキツネ／かあさんのイコカ／花ぬのむすめ

特別編②　平和　188

トビウオのぼうやはびょうきです／嘉代子ざくら／原爆の子 さだ子の願い／父のかお 母のかお／のばら／平和のちかい

●本書で紹介している本・絵本・紙芝居が品切れの場合は、図書館などでご利用ください。
●本書で提案しているアニマシオンの手法を実践する際には、著作権の利用申請が必要な場合
があります。著作権の利用申請については、日本書籍出版協会のガイドラインなどが参考にな
ります。http://www.jbpa.or.jp/guideline/index.html

①
アニマシオンで道徳
私たちの授業づくり

小学校 Ⓐ 個性の伸長

① てん（the dot）
あなたの中にあるよさ

ピーター・レイノルズ
谷川俊太郎 訳
あすなろ書房　2004年

実践●**石井広昭**

対象／時間

小学校5〜6年生（読み聞かせだけなら4年生からでも可）／1時間

ねらい

「絵」という視点から「自分のよさ」について見方を広げ、自分のよさが他者と異なっていてもよいことや、自分自身でよいところを見つけ大切にしていこうという気持ちを養う。

教材

①いろいろな芸術家の「顔の絵」
　　例：パブロ・ピカソ「泣く女」／エドヴァルド・ムンク「叫び」
　　　　サルバドール・ダリ「焼いたベーコンのある柔らかい自画像」

❶ アニマシオンで道徳 私たちの授業づくり

　　東洲斎写楽「三代目大谷鬼次の奴江戸兵衛」
②絵本／ピーター・レイノルズ『てん』谷川俊太郎　訳　あすなろ書房　2004年
③白画用紙、またはコピー用紙、色画用紙、マジック（色画用紙のサイズを白画用紙またはコピー用紙よりも大きくしておくと、「額縁」のように見えます）
④額縁（画用紙が入るサイズのもの）、または縁のあるホワイトボード

【展開例】
＊事前に4人組でグループをつくり、机を移動させ座る（生活班でも可）。

①有名な画家の「顔の絵」を見せ、感想を聞く。
　「ここにいろいろな顔の絵があります。自分が一番いいな、と思うものは、どれですか。どれも顔の絵なのですが、中には顔に見えないものもありますね。でも、ここに貼ってある絵は、今ではどれも有名な画家の絵として知られています。」

②絵本『てん』の表紙を見せ、どんな内容のお話か予想する。
　「きょうは、絵をきっかけとして話が展開されている絵本を読みます。書名は『てん』と言います。表紙を見て、どんな話か想像できる人、いますか？」
- 子どもが、点を描いたら、不思議な世界に入っちゃう話
- 道路に描かれた点をずっとたどっていく話
- 絵の具で描いた点が、大きな穴になって主人公が落っこちゃう話
- 学校の壁をそうじしていたつもりが、いたずら描きで点の絵を描いてしまった話

③『てん』の読み聞かせをする。
　「それでは、これからお話を読みます。途中で止めますので、後の展開を考えながら聞いていてください。」（ワシテが「かけないだけ！」と言うところまで）

④『てん』の続きを推測させる。
　「『かけないだけ！』と言ったワシテに、先生はどんなことを言うと思う？」
- 「そんなこと言わないで、描いてみようよ。」と励ます。
- 「描けないだけじゃなくて、描きなさい！」と怒る。

・「どうして描けないの？」と質問する。

・「私が教えてあげるわよ。」と言って教える。

⑤『てん』の続きを読み聞かせる。

「それでは先生が何と言ったか、続きを読んでいきましょう。」

（ワシテが描いた点を先生がじっくり見つめたところまで）

⑥さらに、『てん』の続きを推測させる。

「ワシテが描いた点をじっくり見つめた先生は、この後ワシテにどんなこと

を言うと思う？」

・「何に見える？」

・「黒ごまみたいね。」

・「穴を開けて糸を通してみない？」

・「ずいぶん小さく描いたわね。」

・「名前を描きなさい。」

⑦『てん』の続きを読み聞かせる。

「それでは先生が何と言ったのか、続きを読んでいきましょう。」

（次の週、ワシテが教室に入って自分の絵を見てびっくりしたところまで）

⑧ワシテがなぜ、びっくりしたのか、子どもたちに問いかける。

「ワシテは、どうして自分の絵を見てびっくりしたのでしょうか？」

・「自分の絵がかざってあったから。」

・「みんなが自分の絵のところに集まっていたから。」

・「先生が自分の絵を紹介していたから。」

・「画家の絵みたいにりっぱにかざってあったから。」

⑨『てん』を最後まで読み聞かせする。

⑩グループで話し合いたいテーマを選んで話し合う。

「グループでお話について次の３つのテーマから選んで話し合ってください。

テーマは、

❶この話の好きなところ　❷ワシテのいいところ　❸せんせいのいいところ

の３つです」

20

⑪**班ごとに発表する。**
「話し合った内容について、グループの代表の人が発表してください。発表する人は、自分たちが選んだテーマと、どんな意見が出たのかを言うようにしてください。」

⑫**それぞれの意見を色画用紙や額のついたホワイトボードに教師が記録する。**
「みんなからいろいろな意見が出ました。いつもは黒板に書くだけですが、こうしていろいろな色の額縁（ホワイトボード）」に書いてみると、言っていることは少しずつ違うけれど、ひとつひとつがとてもすてきに見えますね。」

⑬**自分の〈てん〉を描き、友だち同士で鑑賞会を行う。**
「みんなも、自分の〈てん〉を描いて、額縁に入れてみませんか？」
「白い紙に自分の好きな〈てん〉を描いたら、色画用紙に貼って額縁を作りましょう。」

⑭**「〈てん〉の発表会」を話し合い、友だちの作品にコメントをつけて交流する。**
「友だちの作品を見たら、自分との違いだけでなく、その子のいいところに目を向けて言葉で伝えてあげるようにしましょう。」

- カラフルな〈てん〉は、目立つからいいと思う。
- 丸じゃない形の〈てん〉があっておどろいた。
- 〈てん〉の中に☆が入っているデザインがおもしろい。・
- 男の子と女の子で「いいな」と思う〈てん〉のデザインが違っていることがわかった。

> 子どもたちの感想

- 先生が、ひとつの〈てん〉にもしっかり勇気をくれたから、ワシテはしっかり〈てん〉を描けたんだと思います。
- はじめは自信のなかったワシテが、絵を描くことに自信のなかった子の線に「サインを書いてみて」と言ったことで、他の子にも自信をつけてあげたいと思っている優しさがいいと思いました。自信がつくことは、いいことだと思いました。

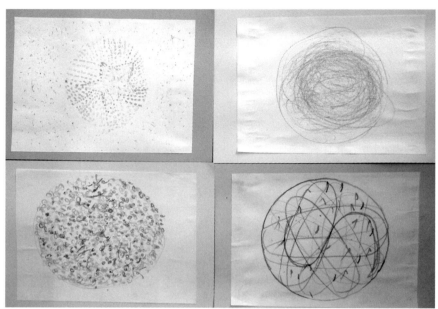

子どもの作品

【発展】こんな活動もできます

　〈てん〉の発表会の後に、「グループで考えた副題をつけよう」というテーマで話し合い、全体での意見交換をさらに深めることもできます。アイディアを交流することで、物語に込められたメッセージや友だちとやりとりした意見をひとりひとりがどのように受けとめたのかを知ることもできると思います。

大事にしたいこと

　この本に出会ってから、学年を問わず図工の授業が始まる前に読み聞かせをしていました。自分に自信がなくなっている子、友だちと自分を比較してコンプレックスを抱えてしまう子など、思春期を迎えた高学年の子も、読み聞かせを通して前向きになることができる本です。

　以前勤務していた学校で、図工や美術を長く研究されていた校長先生と一緒に仕事をしたことがありました。その校長先生が「美しいものを美しいと感じ

❶ アニマシオンで道徳 私たちの授業づくり

られるようにするためには、飾る環境が大切なんだ」とおっしゃっていたことを思い出しました。教師の提示の仕方や見せ方ひとつで、自信のない子を勇気づけるメッセージを伝えることができる、ということをワシテに「サインして」と言った先生も感じていたのかもしれません。

　徳目としては、複数の内容を含んでいる本だと思います。今回は「個性の伸長」という徳目で取り上げましたが、子どもたちの感じ方や話し合いによっては「よりよく生きる」や「寛容」という方向に広がりが出ることも予想されます。根底にある「違いのよさ」というキーワードを大切にして、まわりの友だちから得た見方、考え方を肯定的に受けとめながら、子どもたちが、絵を描くことだけでなく、いろいろなことに取り組む中で、「自分は自分でいいんだ」と思えるきっかけをつくることができたらうれしいと思います。

　短い絵本ですので、読み聞かせだけでは時間が余ってしまいます。そこで、実際の絵画を見たり、読み聞かせを途中で切ってお話の続きを予想させたりするグループワークを行い、「よさの感じ方には人それぞれ違いがあること」について体験を通して考えさせ、「自分自身のよさを肯定的に受けとめていいんだ」ということを感じてもらえるといいと思います。

　学年の実態によっては、図工と組み合わせて2時間続きで行うことも考えられると思います。「道徳の時間に制作?」と思われる方もいらっしゃるかもしれませんが、ワークショップ形式というスタイルで、活動する中で子どもたちの考えが深まったり、広がったり、作品を通じて交流することで新たな気づきを得たりすることができれば、ふだんとはまたひと味違った道徳の時間になるのではないかと思います。

◯ ブックリスト

『美術館にもぐりこめ!（たくさんのふしぎ傑作集）』さがらあつこ 文・
　さげさかのりこ 絵　福音館書店　2013年
小学館あーとぶっく「ひらめき美術館」シリーズ　結城昌子　小学館　1995年
『まるまるまるのほん』エルヴェ・テュレ さく　たにかわしゅんたろう やく
　ポプラ社　2010年

小学校 B 感謝

そりゃあもう いいひだったよ
何気ない毎日がたからもの

そりゃあもう いいひだったよ
荒井良二
小学館　2016年

実践●**宮崎大策**

対象／時間
小学校1～2年から／1時間

ねらい
①特別何かあるわけでもない1日の大切さに改めて気づく。
②毎日を明るく前向きに過ごす気持ちを育む。

教材
①絵本『そりゃあもう いいひだったよ』荒井良二　小学館　2016年
②4クマまんが
③ワークシート

❶ アニマシオンで道徳 私たちの授業づくり

【展開例】
①最近うれしかったことを発表する。
　「小さなことでも、大きなことでもいいんだけど、最近何かうれしかったこと
　　はあるかな？　ちょっと近くの人とお話してみて。」
　「では、聞くよ。発表してくれる人いますか？」
　「公園へ行って、パパとフリスビーをした。」
　「この前、パパにおもちゃを買ってもらった。」
　「日曜日に焼肉を食べた。おいしかった。」
　「家族でサイクリングに行った。」
　「ポケモンのプラモが完成した。」
　「誕生日プレゼントをもらった。」
②題名を隠して、『そりゃあもう いいひだったよ』の読み聞かせをする。
　「みんな、うれしいことがたくさんあるみたいだね。それじゃあ、きょうは、
　　この絵本を読んでみたいと思うんだ。でも、題名が隠れているね。読んだこ
　　とある人もいるかな。じゃあ、その人は題名を内緒にしておいてね。」
③題名を考える。
　「それでは、この絵本の題名を考えてもらうよ。近くの人とお話してみて。」
　（30秒くらいお話しタイム）
　「では、発表してくれる人はいますか？」
④子どもたちの考えた題名を発表する。
　「そりゃあもう」
　「そりゃあもう いいひだったよ」
　「そりゃあもう いいひだよ」
　「くまのパーティ」
　「くまのうれしいパーティ」
　「くまのたのしかったパーティ」
　「山のパーティ」
⑤本当の題名を発表する。

「みんな、すごく良い題名だね。では、本当の題名を発表します。題名は『そりゃあもう いいひだったよ』でした。」

⑥４クマまんがを発見する。

「あれ？　本の見返しに、なんだか４コマまんががあるよ。」

⑦まんがを読んでみる。

「４コマまんがじゃなくて、４クマまんがだよ！」

⑧４クマまんがを全員で読む。

「それじゃあ、４クマまんがを読んでみようね。」

（拡大した４枚のまんがを読みながら、黒板に貼る。）

『そりゃあもう いいひだったよ』前見返しより

❶　アニマシオンで道徳　私たちの授業づくり

⑨１人ひとり最近うれしかったことを思い出しながら、４コマまんがを描く。
「それでは、みんなも４コマまんがを描いてみない？」
「描く！　描く！」
「早く描きたい！」
⑩ワークシートを配布し、４コマまんがを描く。
⑪４コマまんがを発表する。そのとき、最後のセリフはみんなで言うことを伝える。
「❶ゲームがまいにちできるようになった。　❷パパがはやくかえってきた。　❸たべほうだいにいった。　❹おにくがおいしかった。
そりゃあもう　いいひだったよ。」
「❶あさごはん（パン）をたべて。　❷学校へいったら、ずこうして、としょして。　❸こくごでかんじして、さんすうでぷりんとして。　❹きゅうしょく（おいしいもの）たべて。かえるときにむしみつけた。　そりゃあもういいひだったよ」
「❶あさごはんおいしかった。　❷がっこうにいってあそんだ。　❸いえにかえっておかしをたべた。　❹よるごはんにいちごをたべた。
そりゃあもう　いいひだったよ。」
「❶あさごはんを食べて　❷ゆうえんちに行ってジェットコースターにのって　❸目がくらくらして　❹よるごはん、おなかいっぱい食べてもふもふのベッドでねて　そりゃあもう　いいひだったよ」
「❶パパとウノをしてあそんだ。　❷かぞくでイオンモールに行った。　❸えんぴつ、かってもらった。　❹みんなでごはんたべた。
そりゃあもう　いいひだったよ。」
「❶おばあちゃんちにいったよ。　❷ゲームをいっぱいしたよ。　❸おいしいごはんをたべたよ。　❹ふつうにねたよ。
そりゃあもう　いいひだったよ。」
⑫ワークシートに授業の感想を書く。
「それでは、きょうの授業の感想を書いてもらおうと思います。」

> 子どもたちの感想

- たのしかったし、クイズもたのしかった。(きょう)そりゃあもう いいひだったよ。
- ちがう人のかんがえもおもしろかった。そりゃあもう いいひだったよ。
- 先生のえほんがおもしろかった。よんでくれてうれしかった。
- 絵本が楽しかったし、きょうのじゅぎょう、そりゃあもう たのしかったよ。
- ほんがおもしろかったし、もんだいがおもしろかったです。
- いろいろな考えをかいたのが、たのしかったです。
- ４クマまんがをかくのがおもしろかったです。
- 友だちの４クマまんがをきいて、いいなーっておもった。
- 友だちのはっぴょうをきいて、しゃべりかたが上手だった。
- たのしかったし、こころがぽかぽかする。
- おはなしをつくるのたのしかったし、みんなの４クマまんががよくわかった。

【板書例】

①最近うれしかったことの発表を書き出す。
②考えた題名の発表を書き出す。

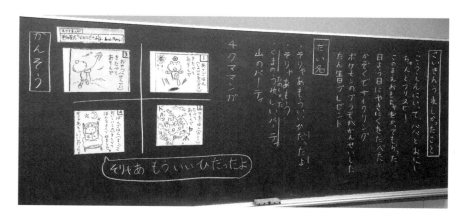

❶ アニマシオンで道徳 私たちの授業づくり

> 大事にしたいこと

　低学年の子どもたちは、毎日無邪気に楽しく過ごしている。かと言えば、友だちとのこと、家族とのこと、それぞれ毎日いろいろな思いを抱えながら学校生活を送っている。世界的に見ても、自己肯定感の低い日本の子どもたちにおいては、学年が上がるに連れて、低くなる傾向にある。毎日とりわけおもしろいことやイベントがあるわけではないけれど、空がきれい、ご飯がおいしい、友だちと楽しく遊んだ、など何気なく過ごしている毎日が、実はとても尊いことを改めて感じてほしい。また、この授業が「自分ってまんざらじゃないかも。」と思えるきっかけとなってくれることを願う。

　そして、それぞれの４クマまんがを発表する活動を通じて、「いいなぁ」「自分だけじゃないんだ」など共感し合うことで、子どもたち同士が明るく関わり合える楽しいひとときを過ごしてほしい。

【ワークシート例】

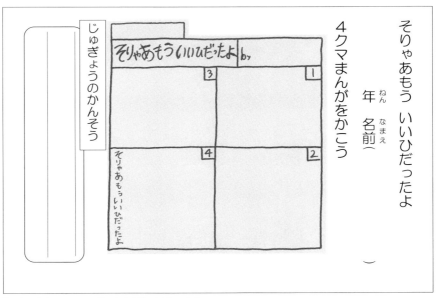

『そりゃあもう いいひだったよ』後ろ見返しより

小学校 B 友情・信頼

3 仲間はずれファン（FUN）
やってはいけないことほど、楽しいことはない

仲間はずれは誰ですか？　「せぇの！」で指差します。

実践●藤條 学

対象・時間

小学校5～6年／1時間

ねらい

①だれかを仲間はずれにする行動には、楽しさがあることに気づく。
②その楽しさは何かを話し合い、善悪の判断をつける基準をさぐる。

教材

・2種類の似た言葉カード　「メンチカツ」「からあげ」
　「えび」「かに」／「ケチャップ」「マヨネーズ」／「つくえ」「いす」
・実物投影機（スクリーンに拡大できる機器）　・ワークシート

❶　アニマシオンで道徳　私たちの授業づくり

【展開例】
● ワークショップの説明
① これから、あるお題について班で話します。4人ずつの班になれるよう机を移動させてください。
② まずは、同じグループの中で1〜4の番号を決めましょう。
　決めたら、全員顔を伏せましょう。

③ 1番の人のお題は…
　顔をあげて、黙って、これを見てください。→　メンチカツ
　顔を伏せてください。
④ 2番の人のお題は…
　顔をあげて、黙って、これを見てください。→　メンチカツ
　顔を伏せてください。
⑤ 3番の人のお題は…
　顔をあげて、黙って、これを見てください。→　メンチカツ
　顔を伏せてください。
⑥ 4番の人のお題は…
　顔をあげて、黙って、これを見てください。→　からあげ
　顔を伏せてください。
⑦ 全員まだ顔を上げないでください。

実は、この中に、1人だけお題が違う、仲間はずれの人がいます。このあと2分間でお話をしながら、誰が仲間はずれなのかを探りましょう。

もしかしたら、自分が仲間はずれなのかもしれません。そう感じたら、できるかぎり、みんなの会話に合わせて気づかれないようにしてみましょう。ただし、お題の言葉は使ってはいけません。

⑧何か質問はありますか？（質問があれば、答える）

●**楽しむ**（ゲーム性）

⑨それでは、顔を上げたら、全員で「おいしいよねぇ」と言って、お題についてのお話を始めましょう（2分間タイムを計る）。

●**判定とアピール**

⑩時間です。仲間はずれだと思う人を、「せぇの」で指差しましょう（冒頭の写真参照）。自分は指差せません。第1回の判定で、仲間はずれだと思われる人を決めましょう。

　　3人に指差された場合、その人が仲間はずれです（わかりやすい）。

　　2人と2人の場合、2人が仲間はずれです。

　　全員ばらばらの場合、話したい人が話します。

⑪では、全員で「仲間はずれは誰ですか？」と言います。「せぇの」で指差します。

❶　アニマシオンで道徳　私たちの授業づくり

⑫仲間はずれと判定された人は、仲間はずれではないことをアピールしましょう（30秒）。
⑬それでは、あと1分お話を続けましょう（1分）。
⑭時間です。もう1度、仲間はずれだと思う人を、「せぇの」で指差しましょう。
⑮それでは、仲間はずれと思われた人から、グループで自分のお題を言っていきましょう。

⑯では、もう1度やってみましょう。
　②〜⑮を3回ほどくり返す（チーム変更可）。

●疑う（このゲームの楽しさは何か？）
⑰では、きょうの活動をふり返りましょう。机を前に向けてください。
　ワークシートを配ります。ワークシートに「このゲームの楽しさ」を書いてください（2分程度）。
⑱では、このゲームの楽しさを教えてください（意見を聞いて板書する）。
　・秘密の仲間がいるとうれしい。
　・他の人と同じだと安心する。
　・仲間はずれの子を探すのが楽しい。
　・仲間はずれが自分じゃないと気づくと、ほっとする。

では、全体仲間はずれを体験した人に聞きます。どんな気持ちでしたか（意見を聞いて板書する）。

・自分だけ違うんじゃないかという不安があった。

・話を合わせるのにびくびくした。

・いやだなぁ。さみしいなぁ。

・ひとりぼっちだなぁ。

⑲クラスでもこういう場面がないかを子どもたちに聞きます。（議論）

⑳仲間はずれなのか、そうではないかの基準をどうすればいいのかをワークシートに書きましょう。感想もお願いします。

子どもたちの感想

・仲間はずれやいじめをする前に、１度考えてみようと思った。

・仲間はずれを探して、会話の中で同じだろうなと思う人がいるとうれしくて、安心した。人間ってそういう生き物なのかなと思った。

・仲間はずれは、さみしいし、悲しいから、やってはいけないなと改めて知りました。

・仲間はずれの話をして、自分も仲間はずれにされたことがあるので、これからは、みんなと楽しく話したり、仲よくしたりしたい。

・ゲームを通して、仲間はずれをされているなと気付いたときに、いやだなぁという気持ちがわかったし、だれかを仲間はずれにするのはいけないことだと思った。

大事にしたいこと

　子どもたちは、低学年のときから、友だち同士で誰かを仲間はずれにしたり、グループに入れないようにしたりすることはいけないことだと教わってきている。しかし、学年が上がるにつれて、自分と似た考えや自分と波長が合う人と仲よくなり友だち関係がグループ化していく。高学年になるとこのグループ化がエスカレートし、仲間はずれはよくないことだとわかっていても、行動に移

してしまう子どもがいる。

　本授業は、ゲームを通して仲間はずれをする楽しさを体験し、その楽しさを分析する。そして、仲間はずれをされた側の意見を加え、話し合いを行い、解決方法を探る流れとなっている。善悪の判断は、ゲームの中だけでなく、経験をもとに考え、自分なりの答えを探し続けてほしい。

【ワークシート例】

○ ブックリスト

『漫画明日がくる　いじめ　心の中がのぞけたら１〜４』本山理咲著
　朝日学生新聞社　2012〜18年

小学校 B 相互理解・寛容

みんなおんなじ？

絵本×自分×あなた=?

質問絵本
五味太郎
ブロンズ新社　2010年

実践●藤條　学

対象／時間
小学3年生〜／1時間

ねらい
①自分と他人は、違う感覚、考えをもっていることに気づく。
②お互いを理解するために必要なことは何かを話し合う。

教材
・絵本『質問絵本』五味太郎　ブロンズ新社　2010年
・ワークシート

❶　アニマシオンで道徳 私たちの授業づくり

【展開例】
①これから各班に絵本を1冊渡します。4人ずつの班になれるよう机を移動させてください。
②それでは、まず表紙を見てください。絵本の題名は『質問絵本』です。12人の顔のイラストが描かれていますね。この中で一番自分に似ているなと思う人を心の中で決めてください。理由も心の中で考えておきましょう。
③(30秒待って) では、「せぇの」で、指を差してください。
④班の中で、一番誕生日が早い人から、理由を伝えてください。
⑤では、Aさんは、どのイラストにしましたか？　理由も教えてください。
⑥「中段の左から2番目です。理由は、髪の毛を2つに結んでいるからです。」
⑦このように、1ページに1つ質問が出てきます。全員で一緒に質問に答えていくので、先のページをめくってすすめないでくださいね。
⑧1ページ目をめくりましょう。質問を読んで心の中で、誰を選ぶか考えましょう（1分間）。その理由も説明できるように考えましょう。

p.2-3　質問・その1

私は黄色い女の子を選びました。おしゃれだし、わらっているので男子にもてそうだからです。

⑨順番に、選んだ人と理由を発表していきましょう。
⑩⑧〜⑨をくり返す。（3見開きぐらい、10分程度）
⑪次は、まず自分がどの人を選ぶかを考え、その理由も決めます。そのあと、「右隣の人は、どの人を選ぶか」を予想して、その理由も考えましょう。
　（心の中・2分間）
⑫順番に、右隣の人が選びそうな人を伝え、理由を発表していきましょう。
　右隣の人は、当たっているかどうかを伝えましょう。

p.10-11　質問・その5

⑬次も、まず自分がどの人を選ぶかを考え、その理由も決めます。そのあと、「左隣の人は、どの人を選ぶか」を予想して、その理由を考えましょう。
　（心の中・2分間）
⑭順番に、左隣の人が選びそうな人とその理由を発表していきます。
　左隣の人は、当たっているかどうかを伝えましょう。
⑮机をもとにもどしてください。全体で活動をふり返ります。
　「はじめの4見開きの質問について、どんな感想をもちましたか？」
⑯子どもたちの感想に共感します。
⑰「右隣、左隣の人の考えを当てる質問については、どうでしたか？」

❶ アニマシオンで道徳 私たちの授業づくり

【板書例】

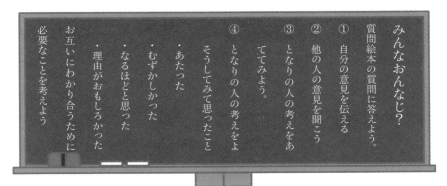

みんなおんなじ？
質問絵本の質問に答えよう。
① 自分の意見を伝える
② 他の人の意見を聞こう
③ となりの人の考えをあててみよう。
④ となりの人の考えをよそうしてみて思ったこと
・あたった
・むずかしかった
・なるほどと思った
・理由がおもしろかった

お互いにわかり合うために必要なことを考えよう

⑱子どもたちの感想に共感します。「むずかしかった。」「当たった。」「そんなふうに見られていたのかと思った。」などの感想が出ます。

⑲自分の考えていることを当ててもらうと「うれしい」という感情がわき、違っていると「そんなふうに見られていたのか。」と思うでしょう。

同じ質問をされても、班の人と考えは違い、また、ほかの人が考えていることを当てるのは、とてもむずかしいことです。クラスに30人いれば、30通りの考えがあるのかもしれませんね。自分はこういう人だと思っていても、相手からもそう思われているかどうかは、わからないわけです。

⑳そこで、お互いの気持ちをわかり合うには、何が必要だと思いますか？
ワークシートに記入してください。そして、授業の感想をお願いします。

子どもたちの感想

・人によって考え方が違って、理由も違うことがわかって楽しかった。
・自分が思っていたことと意見が違った。同じ人を選んでも、理由が違っていて、人の考え方はそれぞれ違うんだと改めて知った。
・人それぞれ選ぶ人がぜんぜん違った。考え方もぜんぜん違うとわかった。みんな同じだと思っていたことも、みんな同じじゃないことが、はじめてわかった。

・人からどう思われているのかが少しわかった。自分が選びたいものを、ほかの人に当ててもらうことは、とてもむずかしいとわかった。

・想像していることは、言葉にしてみて、はじめてわかると知った。

・あの人は、こういう人なんだと思っていても、本当は違うかもしれないと思った。けれど、人の心をわかるようになりたい。

大事にしたいこと

　中学年ぐらいから、他人と遊ぶことが楽しいと感じます。しかし、他人との違いにとまどい、けんかが起こることも多々あります。暴力をふるってはいけない、傷つく言葉を言ってはいけないと叱っても、伝わりにくい子もいます。頭ではわかっていても行動がともなわないのです。だから、まずは、自分のことを知り、みんな同じだと勝手に想像していることの誤解を解くことが大切です。そして、他人から自分がどう見られていたのかに気づいてもらいます。

　けんかやトラブルになったとき、足りなかった言動によって誤解が生まれます。今回の活動は楽しく、集団がいい雰囲気になります。その分、記憶にも残るでしょう。また、お互いを理解するには、「相手の話をよく聞く」「勝手に思い込まない」「やさしくする」と言った意見が出るでしょう。

　このことを実体験としてもっておくと、この『質問絵本』の経験がもととなって、トラブル解決の糸口になります。お互いを知るための手段は、たくさんあるのですから、引き続きその思いを探し続けてほしいとお願います。

ブックリスト

『10代からの考えるレッスン　哲学のおやつ　じぶんと他人』ブリジット・ラベ／
　　ミシェル・ピュエシュ　西川葉澄訳　汐文社　2009年

『こども哲学　自分って、なに？』文：オスカー・ブルニフィエ　訳：西宮かおり
　　絵：オーレリアン・デバ　日本版監修：重松 清　朝日出版社　2007年

小学校 Ⓑ 相互理解・寛容／友情・信頼

5
サッカーとバナナの話
ユーモアで人種差別に反対する

2015年2月26日、UEFAヨーロッパリーグ決勝トーナメント1回戦第2戦、巨大バナナが投げ込まれる。　　写真：アフロ

実践●笹島朋美

対象／時間

小学校5〜6年以上／1時間

ねらい

①世界では現在も人種による差別が行われている現状を知る。
②サッカー選手たちが差別に対し、ユーモアで批判したことを知り、人種差別をなくそうとする態度を育てる。

教材

① バナナ（実物）

② 2015年2月26日、UEFA ヨーロッパリーグ決勝トーナメント1回戦第2戦で、巨大バナナが投げ込まれたときの写真

③ 2014年4月27日、ビジャレアル対バルセロナ戦で、投げ入れられたバナナを拾って食べている写真

④ ソーシャルメディアに投稿された各選手の抗議の写真

⑤ 女子サッカー日本代表のワールドカップ2011年準決勝戦での澤穂希主将の宣言の動画

⑥ 各国選手が "Say No to Racism" の横断幕を持つ写真

⑦ 2014年浦和レッズサポーターによる差別横断幕・ヘイトスピーチを報道する新聞紙面の写真

【展開例】

①バナナを見せ、サッカーとどんな関わりがあるのかを考える。

「バナナはサッカーの世界では、ある特別な意味をもっています。バナナとサッカーには、どんな関係があるのでしょう？」とたずねます。子どもたちから、「試合の前に食べるとパワーが出る。」「チームのマークになっている。」などの意見が出ます。

②ヨーロッパではアジア、アフリカ系の人たちに対する侮辱の意味で、バナナが使われることを紹介する。

「サッカーの試合で選手に対し観客がバナナを投げ込むことがあります。どんな意味でしょう。」とたずねます。すると「サル？」という反応が出てきます。

③アウベス選手が試合中、観客からバナナを投げ入れられたことを知らせる。

「このときアウベス選手はどうしたでしょう。」と問いかけます。「怒って投げ返した。」「無視した。」「審判に抗議した。」などの予想が出てきます。

④アウベス選手がバナナを拾って食べた写真を見せ、試合後、次のような発言をしたことを紹介する。

❶ アニマシオンで道徳 私たちの授業づくり

「こういうことはスペインでもよくあること。〈ユーモア〉で対応しなくちゃ。」バナナを食べている写真を示すと、子どもたちから笑いが起こる。

⑤**ほかの選手たちが彼の言葉に賛同して、ソーシャルメディアでバナナを食べる写真を次々に投稿したことを紹介し、写真を見せる。**

子どもたちは、知っている選手が出てくるたびに歓声を上げます。「選手たちはどのような気持ちで写真を投稿したのでしょう?」と問いかけ、ネイマール選手の次の言葉を紹介。「ぼくたちはすべて同じで、みんな同じサルだ。」

⑥**元女子サッカー日本代表・澤穂希主将の差別反対の宣言、各国の選手が人種差別に反対する横断幕を持つ写真を見せる。**

女子ワールドカップ日本代表　　**澤　穂希主将**

　日本代表チームは人種、性別、種族的出身、宗教、性的指向、もしくはその他のいかなる理由による差別も認めないことを宣言します。私たちはサッカーの力を使って、スポーツからそして社会の他の人々から、人種差別や女性への差別を撲滅することができます。この目標に向かってつき進むことを誓い、そしてみなさまも私たちとともに差別と闘ってくださるようお願いいたします。

2011年7月13日

ワールドカップ準々決勝では、試合の前に各チームの主将があらゆる差別に反対する宣言をすることになっています。日本のメディアでは、その場面はとりあげられないことが多く、サッカーの試合をテレビでよく見るという子どもたちでも知っている子はあまりいません。サッカーというスポーツは、差別に反対する姿勢を強く打ち出しています。

⑦**日本における人種差別の問題に目を向けさせる。**

「日本では人種差別に関わる問題は起きていないのでしょうか。」と問いかけます。そして、日本でも韓国人選手が出場する試合で差別的な横断幕がファンによって掲げられたこと、そのファンのチーム側も責任を問われ、浦和レッズがJリーグ初の無観客試合の処分を受けたことを紹介します。

2015年6月17日、2015FIFA U-20W杯準決勝、人種差別反対の横断幕を掲げる各国選手たち。
写真：アフロ

また、街中では在日韓国人、朝鮮人に対するヘイトスピーチが行われていること、日本はほかの国に比べて、それらに対する法的規制が少ないことを知らせます。

⑧**グループごとに人種差別に反対するキャッチフレーズをつくる。**

人種差別に反対するためのキャッチフレーズつくりましょう。ただし、選手たちにならって、ユーモアを忘れずに。」と呼びかけます。子どもたちはグループになり、人種差別に対抗するキャッチフレーズを考え短冊に書きます。思いをストレートにぶつけるのではなく、ひとひねり加えた言葉づかいでユニークな作品になるよう工夫するよう助言していきます。

⑨**グループごとにどのような考えが出たか発表する。**

「グループの代表は作品を黒板に貼って、読み上げてください。」
「私たちは人類という仲間だ。」
「色はみんな違うけれど、私たちにはハートがある。」
「差別をやめたらバナナをあげるよ。」
「バナナはうまいし、サルは最強だ。そしてぼくはそのサルだ。」

❶ アニマシオンで道徳 私たちの授業づくり

「バナナを食べよう、みんなサルになろう。」

"The world will be colorful".

⑩**出されたキャッチフレーズの中で気に入ったものを１人２つずつ選び、投票する。**

「各グループから出されたキャッチフレーズで、いいなと思ったもの２つに手をあげてください。」と投げかけ、クラスの人種差別反対メッセージを選びます。一番人気のキャッチフレーズをつくった班には、賞品としてはじめに提示したバナナをプレゼントします。

⑪**感想をまとめる。**

「この学習をして、感じたことや考えたことを書きましょう。」と投げかけ、感想用紙に書かせ、何人かの子に発表してもらいます。

> **子どもたちの感想**

・私は、サッカーでのいやがらせをユーモアで対応するなんてすごいなと思いました。また、人種差別をする人を見てとても悲しくなりました。

・アメフトでも「差別があるうちは国歌は歌えない。」と言って国歌斉唱を拒否した選手がいた。スポーツで差別がなくなればいいと思った。
（注：2016年サンフランシスコ49ersのコリン・キャパニック選手がアメリカ国内で黒人や有色人種に対する差別的な事件が相次いだことに抗議、国歌斉唱時の起立を拒否した。多くの選手が賛同して、起立を拒否した）。

・私のクラスにも、おふざけみたいな感じで差別があります。菌扱いしたり、変なあだなで呼んだり…。そんなやつらの行動をユーモアでなくし、いじめをなくしたい。

> **大事にしたいこと**

　差別は現在世界中で起こっている問題です。人々が世界中に移動し、さまざまな異文化とふれあうことがあたりまえの時代であるにもかかわらず、有色人種、移民、女性、異なる宗教などに対する差別はなくなりません。日本でも古

くから韓国や朝鮮、中国の人々への根強い差別が引き起こす事件がたびたび起こっています。

　また、最近では増え続ける外国人労働者に対する差別的な対応なども問題になっています。日本ではこれまで、ほかの民族の人々が少数であったため、差別への対応も各国に比べ遅れをとっています。子どもたちも「日本に人種差別はない。」「スポーツの世界に人種差別はない。」と思っている子も多くいるのではないでしょうか。

　これからの国際社会を生きる子どもたちには、差別に敏感であることが求められています。この教材を通して、差別が存在すること、差別をなくそうとしている人たちがいることを知らせ、差別を許さない気持ちを育てていきたいと思います。

　一見、社会的な問題とは無関係に思えるスポーツの世界ですが、彼らは世界的に注目されるスポーツ選手たちであるからこそ、発言をすることが人々に大きな影響を与えました。すべての立場の人がそれぞれの場で声をあげていくことが必要であることも知ってほしいと思います。

　また、ここに登場するサッカー選手たちは、ユーモアをもって対抗することを選び、発信しています。笑顔で、知的に、穏やかに主張することで自分たちの思いが広がって行く姿も、子どもたちに知ってほしいと思います。

　ひとりひとりが差別に反対する心をもって、社会を担うおとなになっていってほしいという願いを込められるのがこの教材であると思います。

C ブックリスト

『サッカーと人種差別』陣野俊史　文春新書　2014年
新聞記事「人種差別はレッドカード」『朝日小学生新聞』2014年9月9日付
　　朝日学生新聞社

小学校 C 国際理解・国際親善

6
サプール
エレガントにかける男たち

THE SAPEUR
コンゴで出会った
世界一おしゃれな
ジェントルマン
茶野邦雄
オークラ出版　2016年

実践●宮崎大策

対象／時間

小学校5〜6年以上／1時間

ねらい

①洋服にかけた「サプール」の平和への思いを知る。
②自分の興味、関心の高いことへ努力することの有意義さを感じる。

教材

① 写真集『THE SAPEUR──コンゴで出会った世界一おしゃれなジェントルマン』茶野邦雄　オークラ出版　2016年
② NHK番組録画　地球イチバン「世界一服にお金をかける男たち」2014年12月放映
③ ワークシート（質問「どうしてそんなにお金をかけてオシャレをするのでしょう？」、授業の感想欄）
④ コンゴ共和国についての紹介カード（地図、面積、日本から飛行時間、人口、平均所得、1日130円以下で暮らす。サプールは給料の4〜6割を服代に使うなど）

【展開例】

① サプールの写真を2枚提示し、何をしている人か想像し、意見を発表する。

「この人たちは、何をしている人たちだと思いますか？」

「音楽関係！」

「陽気な感じ〜」

「マジックショーをする人？」

「黒人！　外人！」

「笑いをとる人！」

「ただ笑う人！　笑ってるだけでお金を稼ぐ？　月に10万円くらい？」

② 地球イチバン「世界一服に金をかける男たち」の録画を見る。

「それでは、DVDを見てみましょう。」

　・漫才師ダイノジの大地さんがアフリカへ行く。

　・コンゴ共和国の概要（広さ・人口・日本からかかる時間等）を紹介。

　・大地さんが街へ出かけてみるものの、サプールに会えない…と思っていたら、サプール発見。

③ ここでDVDをいったん止め、コンゴ共和国についての基本的な事項をクイズ形式で確認する。

　・どこにありますか？

① アニマシオンで道徳 私たちの授業づくり

　・人口はどれくらいですか？
　・面積はほぼ日本と同じです。
　・平均所得は日本が35万円であるのに対し、コンゴは2万5000円
　・国民の3割が1日130円以下で暮らしています。
　・かつて、国内で内戦が起こってしまった悲しい歴史がありました。

そして、日本に暮らす私たちに比べると、裕福とは言えない暮らしであることを強調しました。
「みんなの給食は、1食だいたい400円くらいと考えると、朝昼夜だけで1200円になるね。コンゴの人の3割は130円で3食を食べなくてはならないんだ。とても豊かとは言えない生活だよね。」

④ DVDの続きを見る。
「では、このド派手な洋服を着た人たちは、いったい何をしている人なんだろうね。続きを見てみましょう。」
　・サプールとはコンゴ共和国の文化であること
　・少ない給料のうち、4～6割ものお金をかけて洋服を買っていること
　・ブランドのタグを見せつけながら街を歩くのがサプールの流儀であることなどがわかります。

⑤ またここでDVDを止める。
「月々だいたい2万5000円の給料なのに、10万円とか20万円とかする洋服を買うサプール。どうして、そんなにお金をかけてまでオシャレをするのでしょう？　ワークシートに自分の考えを記入してください。」と問う。
子どもたちはワークシートにそれぞれが思うことを記入します。

【ワークシート記入例】

「オシャレがすごくスキ」
「オシャレが何よりの楽しみ」
「注目されたい」「目立ちたい」「人々を明るくしたい」
「街を明るくしたい」「人々を笑顔にしたい」

「ふだん仕事をがんばっている自分へのごほうび」

「戦争が続いて、暗い気持ちを明るい洋服や上品な服で平和を願っている」

「この世界が平和になってほしい」

「戦争や悪いことにお金をかけないで、お洋服にお金をかけよう！みたいな
　感じ」

「サプールを見て、笑顔になって、平和になってほしい」

「コンゴ共和国はいい国だよ！と知ってほしい」

「サプールを見て、笑顔になってほしい」

「陽気な国なことをアピールしたい」

「明るい国にしたい」

⑦ 子どもたちがワークシートに書いた内容を、いくつか発表した後、DVDの続きを見る。

　「DVDの続きにその答えが！」と話します。

　　　・コンゴ共和国はかつてフランスの植民地であったこと。

　　　・コンゴ共和国の現役大臣もサプールであること。

　　　・コンゴの街で出会ったサプールの紹介。

　　　・59歳になる伝説のサプールの話。

　　　・かつての内戦で、大切な洋服、靴をすべて失ってしまったこと。

　　　・独立記念日パレードに平和の象徴、文化としてサプールが呼ばれたこと。

　　　・サプールは過去の過ちをくり返さず、絶対に武器や銃を持たないという
　　　　信念をもっていること。

　　　・サプールは軍靴の音は鳴らさず、エレガントに歩くこと。

⑧ DVDを見た後、子どもたちは授業の感想を書く。

　「サプールについて、よくわかったでしょうか。授業の初め、みんなからは、
　陽気な人、マジックショー、目立ちたい人、などの意見が出たけれど、そうで
　はなかったようだね。では、きょうの授業の感想をワークシートに記入して
　ください。」

❶　アニマシオンで道徳　私たちの授業づくり

【板書例】

子どもたちの感想

- 最初はただ陽気な人たちと思ったけど、平和を願い続けるすてきな人たちだとわかった。
- ぼくも洋服を大切にしたり、しっかりたたもうと思った。
- 戦争があってもオシャレを続ける信念がすごいと思った。
- すごくかっこいいな！って思いました。
- 戦争は絶対にいけないなって、改めて思いました。
- サプールは本当にオシャレが好きなんだなと思いました。
- どんなことがあっても、明るく平和を守ることが大切だと思いました。
- これからもサプールの文化が続いてほしいと思いました。
- 明るい服を着ている意味が、戦争と関係していてビックリしました。
- サプールにとっては、服は命よりも大切なのかもしれない。

大事にしたいこと

　アフリカのコンゴ共和国。とてもキレイとは言えない街並みに、とびきりのオシャレをして立ち振る舞う男たちがいます。彼らはサプールと呼ばれ、地元の人気者です。決して豊かとは言えない経済事情の中、彼らはなぜ月給の何倍ものお金をかけて週末街を闊歩するのでしょうか。そこには、国の悲しい歴史

が絡んだ、平和にかけるエレガントな男たちの思いがありました。

　普段なかなかふれたことのないであろうコンゴ共和国の文化。一見、陽気なお調子者のように見える彼らの背景、歴史を知ることで、人類最大の過ち「戦争」がもたらす悲しい現実について、想像力をめぐらせてほしいと願います。また、彼らの生活から、自分が夢中になれることをやり切る大切さも感じてもらいたいと思います。

ブックリスト

『WHAT IS SAPEUR？――貧しくも世界一エレガントなコンゴの男たち』NHK
　「地球イチバン」制作班・ディレクター影嶋裕一　祥伝社　2015年
『SAPEURS――the Gentlemen of Bacongo』ダニエーレ・タマーニ　青幻舎
　2015年

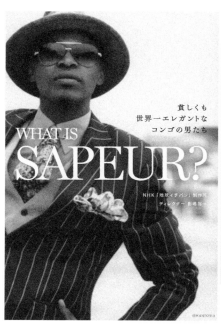
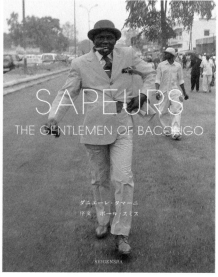

小学校 D 生命の尊さ

7 希望の牧場
福島であったこと、忘れない

希望の牧場
森絵都 作　吉田尚令 絵
岩崎書店　2014年

実践●笹島朋美

対象／時間
5〜6年生以上／1時間

ねらい
①原発事故が動物やそれに関わる人たちにどんな影響を与えたかを考える。
②牛を飼い続けていくことについて、いろいろな考え方があることに気づき、自分の考えをもつ。

教材
①写真集『のこされた動物たち　福島第一原発20キロ圏内の記録』　2011年
②写真集『待ちつづける動物たち　福島第一原発20キロ圏内のそれから』
　2012年　ともに、太田康介　飛鳥新社

③写真　福島第一原子力発電所事故のようす
④『希望の牧場』森絵都 作　吉田尚令 絵　岩﨑書店　2014年
⑤ワークシート

【展開例】

①太田康介さんの写真集より、商店街をダチョウが歩いている写真、電気店の駐車場に牛がいる写真を見せ、どうしてこんな状況になったのか考えさせる。

「この写真を見てください。何かおかしなことはありませんか。」とたずねます。「町の中にダチョウがいる！」「駐車場に牛がいる！ありえない。」と子どもたちは大騒ぎです。そのうち「人が誰もいない。」「信号がついていない。」「どの店も閉まっている。」と、どうやら住民が住んでいない町であることを子どもたちは写真から読み取っていきます。

写真：太田康介『待ちつづける動物たち　福島第一原発20キロ圏内のそれから』(飛鳥新社)より

1 アニマシオンで道徳 私たちの授業づくり

②福島第一原子力発電所の事故の概要を説明する。

　2011年3月11日の東日本大震災をきっかけとした原子力発電所の爆発と放射能の流出事故について、写真を交えながら簡単に説明します。また、放射能の危険から身を守るため住民が避難しなければならなかったこと、ペットや家畜などの動物たちは置いていかざるをえなかったこと、そのため、牧場内で死んでいった動物たちや、野に放たれて野生化している動物たちが多くいたこと、そして被曝した牛たちは、ほとんど殺処分されていったことを伝えます。被災後8年が過ぎた現在のメディアにおいては、このような事実があったことを伝える機会も少なくなってしまっています。事故があったことは知っていても、当時、動物たちやそれに関わる人たちが味わった苦労のことは、ほとんどの子どもが知りません。

③吉沢正巳さんのことを紹介し、絵本『希望の牧場』を途中（23ページ、支援する人々が現れる前の場面）まで読み聞かせする。

　「きょうは、吉沢正巳さんという人について描かれた絵本を読みます。吉沢さんは、原子力発電所から20キロ圏内の牧場で牛を飼っていました。」と吉沢さんと絵本をつなげてから読み始めました。子どもたちは絵本から吉沢さんが失われる命を守ろうと、「希望の牧場」と名づけた牧場に被曝した牛たちを集めて飼育していること、そうすることが牛飼いとしてあたりまえのことだと思っていることを捉えていきます。

④「希望の牧場」で牛を飼い続けることのメリット、デメリットについて考え、まとめる。

　「吉沢さんが希望の牧場で牛を飼い続けることのメリットとデメリットは、何でしょう。ワークシートにまとめてみましょう。」と投げかけ、しばらく作業の時間を取った後、どんなことを書いたのか発表していきます。

　メリットとして「牛の命が守られること」「吉沢さんが牛飼いとしての仕事を続けられること」「野生の牛たちが地域の畑を荒らさなくなること」があげられます。

　デメリットとして「吉沢さんが放射能の汚染地域に留まることで健康への不

55

安があること」「被曝した牛を飼っていても売ることができないので経済的
な不安があること」があげられます。

⑤ **自分は吉沢さんの行動に賛成か反対かとその理由を考える。**

「今、あげたメリットとデメリットを踏まえて、あなたは吉沢さんが牛を飼い
続けたことに賛成ですか、反対ですか。その理由は何ですか。ワークシート
に書いてみましょう。迷ってしまう人は『どちらでもない』を選んでもかま
いません。」

⑥ **グループになり討論する。**

「これからグループの仲間と自分の書いたものを発表し合いましょう。友だ
ちの意見を聞いて自分の意見を変えてもいいですよ。グループでひとつの結
論にする必要はありません。」

友だちの意見を聞いて自分の選んだ考えへの思いを強くした子どもも、逆に
迷って考えを変えた子どももいます。

⑦ **グループごとにどのような考えが出たか発表する。**

「それぞれのグループで出た意見の中で、印象的だったものを発表してくだ
さい。」

「賛成。牛の命を守ることができる。原発事故のせいで牛が死んでいくのはか
わいそう。」

「賛成。牛が畑などを荒らすことがなくなる。」

「賛成。牛飼いの仕事を続けてきたなら牛は殺せない。自分の仕事の証がなく
なってしまう。」

「反対。吉沢さんが放射能で病気になってしまうかもしれない。」

「反対。放射能を浴びた牛は売ることができないし、えさにお金がかかった
ら、生活が苦しくなる。」

「どちらでもない。実際にその立場になったら悩むと思う。」

⑧ **絵本の終わりまで読み聞かせする。**

後半では吉沢さんの活動が全国に伝わり、支援する人たちが現れます。このこ
とで、経済的な問題がある程度解決されると考え、意見を変えた子もいます。

❶ アニマシオンで道徳 私たちの授業づくり

⑨この学習で考えたことや感想をワークシートにまとめる。

【ワークシート例①】

希望の牧場

希望の牧場で牛を飼い続けることの

メリット〈よい点〉	デメリット（よくない点）
・牛が生きていける。	・ほうしゃ線をあびたので、病気で死んでも、おかしくない。 ・食べられない牛を、そだてるので、お金がすごくかかる。 ・生活のお金がかかる

吉沢さんが牛を飼い続けることにあなたは賛成ですか、反対ですか。

賛成 ・ 反対 ・ (どちらでもない)

理由：牛が生きていけるのはいいけど、お金とかの心配もある。でも、命を簡単に殺したくない。なので私はたぶん、ずっと悩み続けます。

今日の学習の感想

食べられない牛を、どうしようか悩んで悩んで悩みぬいた結果は、意味があってもなくても、一生いっしょにいることを、きめた吉沢さんってすごいなと思った。そんな、吉沢さんを、とても応えんしたいと思った。

【ワークシート例②】

希望の牧場

希望の牧場で牛を飼い続けることの

メリット〈よい点〉	デメリット（よくない点）
牛が死なない。 牛が困らない。	自分が死んでしまうかもしれない。 （吉沢さん） 牛が放射能をあびるかもしれない。 エサのお金がかかる。 生活するお金がなくなる。

吉沢さんが牛を飼い続けることにあなたは賛成ですか、反対ですか。

（賛成）・ 反対 ・ どちらでもない

理由
牛を飼い続けるのは牛を守りたいという事なのでとてもいい事だなと思った。自分が死ぬかもしれないのに牛を飼い続けるために自分の命をぎせいにしてでも牛を飼い続けるということには、牛の事が大好きなんだなと思った。

今日の学習の感想
別にぼくは反対を選ぶのもしょうがないと思います。自分の命の方が大事という人の方が多いから。吉沢さんみたいな人がいると思って、自分ももう一人をちょっとでも助けてあげたいなと思いました。でも地震やつなみはしょうがないなと思った。

❶　アニマシオンで道徳 私たちの授業づくり

⑩学習のまとめをする。

　「きょう考えたことはどちらが正しいのか決められません。放射能の問題はまだわかっていないことも多く、これから日本の人々みんなが考え続けていかなくてはいけないことだと思います。福島で被災した人々は、原子力発電所の事故によってどんなことが起こったのか忘れないでほしいと思っています。みなさんも興味をもって、いろいろな本や新聞などでさまざまな人の意見にふれ、考えていってほしいと思います。」と話し、授業を終えます。

子どもたちの感想

- ぼくは反対を選ぶのもしょうがないと思います。自分の命のほうが大事という人は多いから。吉沢さんみたいな人がいると知って、自分もこういう人をちょっとでも助けてあげたいなと思いました。
- 吉沢さんは牛を殺すのか、殺さないのかと迷ったと思うけど、自分のためも考えて避難してほしいと思いました。牛飼いだからこそ、続けるために避難してほしい。
- 吉沢さんは、前から福島の牧場で牛たちとの生活があたりまえになっていて、生活が原発の事故によって壊されるのがいやだったのではないかと、ぼくは思いました。
- 私は反対だったけど、最後に全国から助けてくれる人々が出てきて、賛成のほうに気持ちがかたむいてきました。

大事にしたいこと

　東日本大震災、福島第一原子力発電所の事故からかなりの年月が経ち、子どもたちは当時の混乱をあまり記憶していません。今後は「リアルタイムでは知らない」という子どもたちも増えてきます。また、被災地から離れた場所では与えられる情報の少なさから、「復興が進んでいる」「事故前の生活がもどってきている」というイメージをもってしまいがちです。

　しかし、実態はふるさとに帰ることのできない人々が多く存在し、帰還の安

全宣言が出ても、健康への不安からもどらないことを選択する人々もいます。また、避難先での生活の不安を訴える人々や、いじめに苦しむ子どもたちもいます。そのような事態を招いてしまったことに抗議して、吉沢さんはこの地で牛を飼い続けているのではないでしょうか。

この牧場につけた「希望」という言葉について、絵本の中でこのように書かれています。「人間が消えた土地に、何百頭もの牛が生きてる。もりもりエサ食って、げんきに動きまわってる。その姿に『希望を感じる』って人もいる。希望なのかな。希望になるなら、いいけどな。けど、弱った牛が死ぬたびにここには絶望しかないような気もする。希望なんてあるのかな。意味はあるのかな。まだ考えてる。オレはなんどでも考える。一生考えぬいてやる。な、オレたちに意味はあるのかな？」

この吉沢さんの問いに、将来の日本が答えられるようにしていかなければならないと思います。まずは子どもたちにこの事故によって、住む場所、日常生活、仕事を奪われ、いまだもどることのできない人々がいること、そして、人が避難しなければならなかったことによって命を脅かされた動物たちがいたこと、事故の影響はまだ続いていることを伝えたいと考えました。

また、この絵本では動物の命を守ること、牛飼いとしての仕事を続けることというメリットと体への放射能の影響、経済的な問題というデメリットが描かれており、討論することによってさまざまな考え方があることを感じ取れる教材であると思います。どちらが良い、悪いと決められることではなく、またおかれた立場によって選ぶ結論は変わってくる問題だと思います。子どもたちには今後もいろいろな立場からの発言や資料などに積極的にふれ、関心をもち続けていってほしいと思います。

これからの日本をつくっていく世代である子どもたちに、現在進行形である原発事故の収束、今後のエネルギー問題などを考えていくためのひとつの材料になればいいなと願っています。

❶ アニマシオンで道徳 私たちの授業づくり

【発展】

　原子力発電所事故、事故後の暮らしなどについてのさまざまな立場から書かれた本を用意し、読む時間を取ります。読書後もう一度『希望の牧場』の感想や吉沢さんの行動についての考えを聞いてみます。いろいろな立場の人の意見を聞き、情報を得ることが大切なことを感じてほしいと思います。

ブックリスト

『僕のお父さんは東電の社員です』毎日小学生新聞編＋森達也著　現代書館
　　2011年
『福島第一原発　風下の村　森住卓写真集』森住卓　扶桑社　2011年
『いつか帰りたいぼくのふるさと――福島第一原発20キロ圏内からきたねこ』
　　大塚敦子　小学館　2012年
『放射線になんか、まけないぞ！　イラストブック』木村真三監修　坂内智之文
　　柚木ミサト絵　太郎次郎社エディタス　2012年
『ふくしま　こども　たからもの』おがわてつし　かもがわ出版　2013年
『美味しんぼ　福島の真実1・2』110・111（巻）　作 雁屋哲　画 花咲アキラ
　　小学館　2013年・2014年
『原発事故で、生きものたちに何がおこったか。』永幡嘉之 写真・文　岩崎書店
　　2015年

中学校 B 相互理解・寛容

8 アイデンティティのオークション
自分の個性や他者のよさを知る

アイデンティティのオークションの授業

実践●笠井英彦

対象／時間
中学生以上／2時間

ねらい
①自分は何を求めているか、何をしたいかをゲームを通して考える。
②他者（級友）の求めている物から他者を理解し共感する。
③自分と他者の求めている物の違いから自己を考える。

教材 （写真参照）
・予算書　・手製の銀行券
・物件カード

❶ アニマシオンで道徳 私たちの授業づくり

【展開例】この道徳の授業は2時間扱いで行います。

1時間目
①物件カードを示し、オークションの説明をし、ルールの確認をします。

「きょうは、アイデンティティのオークションです。黒板を見てください。みんなが競り合って購入する物件はこの30個です。」と話し、黒板に物件を貼っていきます。オークションについてよくわからない生徒がいれば、オークションの簡単な説明をします。楽しくすすめることが大事なので、楽しそうに説明していきます。

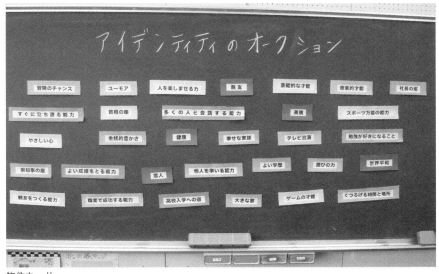

物件カード

②オークションで使う手製のお金を配り、説明します。

「このオークションでのみんなの手持ちのお金は今配った5万アニマです。この5万アニマを使って、自分がほしい物件を買ってください。いくつ買ってもかまいませんが、オークションですから、ほかの友人が買ってしまえば買えません。」

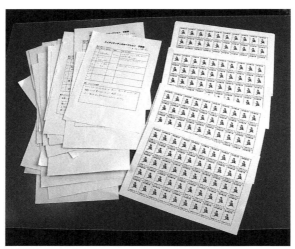
予算書と手製の銀行券

③予算書を書きます。

「まず、オークションをするために予算書を書きましょう。」と予算書を配り、子どもたちは予算書を書きます。「予算書には5物件分ありますが、買いたいものは5つ以内ならいくつでもかまいません。」「買いたい理由が大事だから、そこはしっかり書いてください。」と理由を書くように指示します。

④予算書を集めます。

ここまでで1時間です。時間が余ったらオークションのやり方（競り上げ方式など）を詳しく説明します。

⑤授業後、集めた全員の予算書に目を通します。

これは教師にとっては生徒理解につながります。子どもが買おうとしている物件を見ると、「こんな趣味があるんだ」とか「こういうことに興味があったんだ」とか、子どもたちの意外な面に驚くこともあります。

❶　アニマシオンで道徳 私たちの授業づくり

> **2時間目**　ここからが2時間目となります。

①オークションの始まりです。

　お金の貸し借りはなしと確認します。物件を黒板に貼り、オークションを始めます。「それではオークションを始めましょう。」と、貼ってある物件からひとつを選び、競り上げ方式でオークションをすすめていきます。

　「じゃあ、まず『スポーツ万能の能力』。さあ、いくらで買う。」

　生徒は「100アニマ！」「200アニマ！」「5000アニマ！」と手をあげて値段を競り上げていきます。「5万アニマ！」と出たところで、次が出ません。

　ここで教師が「5万それ以上はない？落札！」とポンと教卓を叩き、物件を落札した生徒に渡し、生徒からその代金をもらいます。

②落札した生徒が購入理由を述べます。

　「落札した理由を言ってもらいましょう。ちょっと静かに聞いてね。」

　「そういう理由なんだ。いいね。」と評価し、次の物件に移ります。売る順番は、生徒の実態や事前の予算書の観察から人気のある物件が集中しないようにうまく組んでいきます。この要領ですべての物件をオークションにかけていきます。

③エキサイトしてきたり、騒がしくなることもあります。

　オークションがすすんでくると「やったー！」とうれしそうに落札したり、落札した物件を机に貼ったりする子どももいます。そんなときは、途中休憩を取るなどして、落札理由をしっかり聞くように注意します。

④すべての物件が落札されたところで、終了します。

　「これでアイデンティティのオークションを終了します。拍手。」

⑤5分ほどで感想を書いてもらい、何人か発表してもらいます。

　最後に「それでは、オークションをやった感想を書いてください」。

アイデンティティのオークションの授業実践の場面

子どもたちの感想

- オークションというやり方がおもしろかった。ひとつの物件についてだんだん値段が上がっていくのがとてもおもしろく、購入できなくても楽しめた。そして、その中で友だちが何をほしかったのかがわかり、友だちのことを考えることができた。またやりたい。
- 私は落札することができませんでしたが、ほかの友だちが競り合って落札するのがおもしろかった。ふだん目立たない友だちが意外な物を購入していて驚いた。そんな一面があるのだと思った。違う面を理解できた気がする。
- 私はほしい物件が出たら最高額で買おうと決めていた。運よく手に入れることができてうれしい。購入できたことで、なんか、夢に向かっているような気がした。
- アイデンティティのオークションと言ったので、何をやるのかと思ったけれど、こんなにおもしろいものかと思った。ただ、おもしろいだけでなく、クラスの友だちが何を求めているのかがわかりよかった。

❶ アニマシオンで道徳 私たちの授業づくり

🟦 大事にしたいこと

　とにかく楽しくやりたいと思います。ただ、それだけだとゲームとして終わってしまいますので、落札した生徒にその物件を購入した理由をしっかり発言させたいと思います。またそのとき、ほかの生徒には静かに聞かせることが大事です。

　オークションが終わった後の「ふり返り」は自己理解、他者理解を確認することになりますので、しっかり時間を取りたいと思います。

　物件については、学年や学級の実態に合わせてつくっていけばいいと思います。この物件によってオークションの盛り上がりが変わってきます。生徒をよく観察しながら決めていきたいと思います。この作業は難しいものですが、意外に楽しいものでもあります。

　かつて３年生の11月にやったときの２人の生徒のことは忘れられません。ある男子は進路のことで親との話し合いがうまくできず悩んでいました。その生徒が「親と会話する力」を最高額で落札しました。そして、「今、進路のことで親と話がうまくいかない。とても悩んでいるのでこれを買いました。」と落札理由を述べました。これを聞いたほかの生徒は「僕もそう」と大きく頷き、共感を生み、涙ぐむ生徒もいました。

　もう１人。学級に少しなじめなかった生徒がいました。合唱コンクールの伴奏者に立候補した彼女は、「音楽的才能」を最高額で落札しました。そして、「クラスの合唱がうまくいくように、もっともっとピアノをうまくなりたい。」と理由を述べました。そのとき、自然に拍手が起こりました。この生徒はこの落札した物件を折りたたみ、ポケットに入れて合唱コンクールに持参しました。この「音楽的才能」物件は、オークションでの単なる物件ではなかったのです。「高校合格への道」を落札した生徒が、この物件を高校入試にお守りとして持って行ったこともありました。

　このアイデンティティのオークションは、今から20年前、道徳の研究会で提案者となったとき、岩辺泰吏氏らのアドバイスも受けてつくったものです。授業前の検討会では「こんなのは道徳とは言えない」とまで言われました。

【アイデンティティのオークション　予算書と感想①】

■私が買いたい物件は

順位	買いたい物件名	値段	買いたい理由
1	健康	4万！	健康になれば、何でもできる！
2	勉強が好きになること	七千	勉強が嫌いすぎるから。勉強が好きになって沢山すれば、成績上がるし、親から小言言われずに済む。
3	くつろげる時間と場所	千	どんなに疲れても大丈夫だから。幸せに日々を過ごせそう。
4	職業で役立つ能力	千	仕事しないと生きていけないし、その仕事が好きで成功したら、充実した生活を送れる。
5	安全な未来	千	幸せにくらせる。

■オークションの感想

無事に健康を買えて良かった
ず————————っと欲しいものだったから良かった。
他の「健康」を欲しかった人には申し訳ないなあと思った。
人それぞれ、何にお金かけるかは違うんだなあと
思った。

❶　アニマシオンで道徳 私たちの授業づくり

【アイデンティティのオークション　予算書と感想②】

■私が買いたい物件は

順位	買いたい物件名	値段	買いたい理由
1	大きな家	2万	家があれば十分だから
2	すぐに立ち直る能力	3万	

■オークションの感想

> みんなで言いあってやることで楽しくオークションを行うことができました。自分が買いたい物件とは全然違っていたけど、2つゲットできてよかったです。またこれをやる時があったら、クラス全員でやれるようにもしたいです。

　しかし、やってみると、生徒が楽しみながらも、仲間の発言に真摯に耳を傾け考える姿が参観者の感動を呼びました。それ以後、私は毎年、もう20年もやっています。今までわからなかった他者を理解し、共に生活していくことにつながる、そしてそれは、自分を見つめることにつながる道徳の授業です。学級の状況に合わせて物件を考えて、ぜひ取り組んでほしいと思います。

C ブックリスト

『地球市民を育む学習』グラハム・パイク、ディビット・セルビー共著
　　明石書店　1997年

中学校 D よりよく生きる喜び

9 みんなのなやみ
あなたの体験が役に立つ

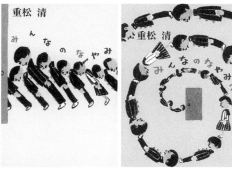

みんなのなやみ
重松 清
イースト・プレス
2011年

みんなのなやみ2
重松 清
イースト・プレス
2011年

実践●笠井英彦

対象／時間

中学生以上／2時間

ねらい

①教材2冊の中学生の悩みに回答することで、誰もが悩みをもつことを知る。
②級友の悩みに共感し、その回答を書くことで、よりよく生きることを考える。
②悩みに回答する友の存在に気づき、友情を育む。

教材

①『みんなのなやみ』『みんなのなやみ2』重松清　イースト・プレス　2011年
②「わたしの悩み」シート

❶ アニマシオンで道徳 私たちの授業づくり

【展開例】

1時間目　この道徳の授業は2時間で行います。

①『みんなのなやみ』から中学生の悩みとその回答例を紹介する。

「きょうは、悩みということについて考えてみましょう。まず、この重松清さんが書いた本から中学生の悩みを聞いてください。」と『みんなのなやみ』の22ページの藤乃さんの悩みを読みます。

> **周りの目が、気になる……**
>
> 私は周りの目が気になることが多いほうです。授業中も、ひそひそ話をしているのが聞こえてくると、自分が言われているんじゃないかと、ビクビクしてしまいます。また、自分がどう思われているのかが気になって、堂々としていられません。このままでは、受験のときもマイナスのイメージにとられてしまうんじゃないかと心配です。直すためにはどうしたらよいでしょうか。　　　藤乃さん（14歳）中3・秋田県（『みんなのなやみ』より）

そして、「この悩みについて重松清さんはこんなふうに答えました。」と重松さんの答えを読みます。

②悩みにどのように答える？

「では、みんながもし重松さんの立場だったら、こういう中学生の悩みにどう答えますか？」と言って、回答を書くための用紙を配ります。「この藤乃さんの悩みに答えてください。」と問い、書く時間を取ります（10分ほど）。

・私もそれは感じたことがあります。でもそれは、自分に自信がないだけではないでしょうか。もっと自分に自信をもちましょう。あなたにも良いところや魅力があります。それを自分で認めましょう。

・たぶん、あなたのことじゃないから大丈夫です。思い切ってその人たちに話しかけて、一緒にひそひそ話をしてみましょう。

・人からの評価というのは大事。だけど一番大事なことは自分はどうしたいかということ。自分のひとつひとつの行動に意味と目的をつけていけばひそ

そ話も聞こえてこなくなるのでは。

・逆にビクビクしている人ほど目立って変に思われると思う。だから、普通にして、人の会話に共感したらぱっと声を出してみれば良いと思う。

③**よい回答を選ぼう。**

「では、グループになってください。グループになってそれぞれが書いた回答を読み合ってください。全員が読んだら回答の中で一番いいと思われる回答を１枚選んでください。」とそれぞれ１枚選びます。

④**グループで選んだ回答を発表する。**

「それぞれのグループで選んだ回答を発表していきましょう。」（グループの代表が回答を読んでいきます。中にはおもしろい回答があって、この発表はなかなか盛り上がります）

⑤**級友の悩みを知る。**

「今までやったのは重松さんの本からの中学生の悩みです。次は一緒に暮らしている級友の悩みです。聞いてください。」と言って次の悩みをゆっくり読みます。これは、教師に提出した『生活ノート』（次の日の予定を簡単な日記を書くノート）に書かれたものです。

　親にとてもイライラします。親にイライラしていると、それでまた怒られます。話をして、また何か言われるのが嫌なので、あまり親には話さないと、兄弟にLINEしますが、兄弟は親の味方をするのでよけいイライラします。

---

⑥**級友の悩みに答える。**

「では、この級友の悩みに答えましょう。前と同じようにまず用紙にそれぞれ書いてください（７分ほどで全員が書き上げる）。

⑦**よい回答を選ぼう。**

「ではグループになってください。グループになってそれぞれが書いた回答を読み合ってください。全員が読んだら、回答の中で一番いいと思われる回

❶ アニマシオンで道徳 私たちの授業づくり

答を1枚選んでください。」とそれぞれ1枚選びます。

⑧グループで選んだ回答を発表する。

「それぞれのグループで選んだ回答を発表していきましょう。」(グループの代表が回答を読んでいきます)

⑨回答の追加

「選ばれなかったけれども、これは良かったという回答を紹介してください。」と言い、他の回答も発表していきます。

⑩今の自分の悩みを書く。

「では、きょうの授業の最後に、今の自分の一番の悩みを『わたしの悩み』用紙に書いてみましょう。」

こんな悩みが出てきました。出てきた悩みの一部です。

- 勉強をたくさんしても成果が出てきません。どうしたらいいですか？
- 内申書を決めるのは先生です。先生は人間だから好きな生徒、嫌いな生徒がいると思います。これは内申に影響しませんか？
- 私はコミュニケーション能力が低く面接試験が心配です。友だちも少ないし。
- 私はよく将来のことを考えます。たまに「なぜ生きているのか」とか、「死ぬとどうなるのか」と考えることがあります。そんなときどうすればいいでしょうか。
- 友だちが自分のことをどう思っているのか、とても気になります。
- 勉強のことで親が兄と比べて、ぐちぐち言います。本当に嫌です。

⑪書いたものは集め、教師が目を通す。

ここまでが1時間目の授業です。2時間目の授業のために、集めた『わたしの悩み』をすべて読み、学級の生徒の多くが共通する悩みや深刻な悩み、ちょっとおもしろい悩みのいくつかを選んでおきます。

2時間目　ここから、2時間目の道徳の授業です。
①悩みを紹介する。

「前の時間に悩みを書いてもらいました。きょうの何名かの悩みを紹介します。まずこんな悩みです。」

「受験生だというのに勉強ができない。どうしたらいいのでしょうか。」

②**級友の悩みに回答し、よい回答を選び、選んだ回答を発表する。**

1時間目にやった要領で、級友の悩みに回答を書き、よい回答をグループで選び、選んだ回答を発表していきます。

③**第2、第3の悩みも紹介し、回答を発表する。**

そして、第2、第3の悩みを紹介し、同じように回答を書き、グループで選び、発表していきます。この日の授業では、「彼女がほしいのにできない。どうすればいいですか？」

「内申が低く、行きたい高校に行けるかとても不安。」を取り上げました。

この授業の後、生活ノートに悩みを書いてきた生徒は、「みんなが私の悩みを真剣に受けとめて回答を書いてくれた。本当にうれしかった。家に帰って寝る前にそれを思い出し涙が出た。」と語ってくれました。

子どもたちの感想

・きょうは道徳で悩みのことをやった。私と同じような悩みをもっている人がいて、安心した気持ちになった。班で一番いい回答を選んだが、班員の回答がよく書けていて、感心してしまった。

・きょうの道徳は悩みの授業だった。その中で取り上げられたのが私の文章だった。ちょっと恥ずかしかったけれど、みんな私の悩みについて真剣に考えて回答を書いてくれた。本当にうれしかった。このクラスが好きになった。

・本名ではなくペンネームでもよかったので、本当の悩みをかけて気が楽になった。友だちの回答もおもしろかった。

・きょうの道徳は悩みがテーマでした。多くの人は悩みをもっていますが、それを共有することで気が少し楽になったり、解決の方法を見つけることができたりすると思います。悩みや不安があることは必ずしも悪いことではないということもわかりました。

❶ アニマシオンで道徳 私たちの授業づくり

大事にしたいこと

　子どもでもおとなでも誰もが悩みをもちます。特に多感な中学生がもつ悩みはさまざまで、おとなから見ると「こんなことで悩むんだ。」とちょっと驚くものや、中には深刻なもので本人だけでは解決できないものもあります。その悩みを共有し、解決策を皆で考えることは学級というひとつの集団の中で大切なことだと思います。

　また、悩みをもつことはよくないことだと思っている生徒もいます。しかし、悩みをもつことはその根底によりよく生きようとする自分があるのであり、悩みをもつことはよりよく生きるための原動力になることもあります。そして、そのひとりの悩みを皆で共有し考えることで友の存在に気づき、友情を確認することにもなります。受験で悩む中学生だからこそ、取り組みたい道徳の授業です。

　私がこの授業を思いついたのは12年前、3年生の担任をしたときです。9月中旬、元気なく、何事も前向きに取り組めない男子がいました。「どうした？悩みでもあるの？」と聞くと、次の日、『生活ノート』に進路、勉強の悩みを書いてきました。これを読んで、これは多くの生徒の悩みであり、何かこれで授業ができないかと思いました。そこでこの悩みを入力し直し、プリントにして、この男子への回答を全員に書いてもらったのです。皆真剣に考えて書きました。そして、その書いたもの全員分を帰りにその男子に渡しました。

　彼は家に帰り、何度も何度もその回答を読み返したと言います。寝る前に読んだときは涙が出てきたと語ってくれました。その後、彼は後期の学級委員長に立候補し、学級のために尽くしてくれました。勉強もがんばり、希望する高校に入ることもできました。

　この彼との出会いがあり、そこに重松清さんの本を重ねたのがこの道徳です。中学3年生を担任したときは必ず取り組んでいる道徳の授業です。

②

道徳４つの領域、22 の徳目で紹介

絵本
読みもの
紙芝居
ガイド

生きることの意味を考える

A　主として自分自身に関すること

渡部康夫

悩むのは人間である証拠

『君たちはどう生きるか』の前書きには、「『どう生きてゆこうか』と考えたり、『どう生きていくのが正しいのだろうか』と疑ったりするのは、人間が人間であるという証拠ともいえることなのです。草も木も、鳥もけものも、ただ、いちずに生きてゆくだけで、自分の生き方を問題にしたり、気にかけたりはしません。」と書かれています。

「どう生きてゆこうか」を考えるためには、自分をみつめて自分なりの考えを持つようにしなくてはなりません。異なる意見に耳を傾けながら、意見を出しあう議論を積み重ねることも大事です。また、本を読むことも役立ちます。本を読むことによって自分の考えを深め、登場人物との出会いが読者を励まし、生きるうえでの後押しをしてくれることにもなります。私たちは、このような「自分とは何か」という問いを大事にするような本を選びました。

「２正直、誠実」の項目では、言葉のうえだけで表現するのではなく、相手の気持ちを考えて、自分の思いが正しく伝わるように表現することが大切になります。『うそ』では、「サンタクロースはいるのか」「童話や映画はうそか本当か」「人を喜ばせるうそはついていいのか」などの問題を通して、「うそ」の意味を考えさせてくれます。

『おこだでませんように』では、男の子の書いた七夕の短冊を見て、男の子の思いを受け止めてあげることができなかったことを悔いて、先生やお母さんは涙を流します。男の子の誠実な言葉が、周りの大人たちの心をも変えていくことを表したお話です。

自分の生活を見直す

「3節度、節制」の項目では、自分の生活を見直すことにより、よりよく生きることを考えることができる本を選びました。視点を変えることにより、新しい〈発見〉があることでしょう。

『哲学のおやつ　仕事とお金』では、誰も働かない国があったら、仕事はつらいが仕事がないのもつらい、お金はなぜ必要か？　など身近な生活のお話を紹介して、自分の生活を考え直すヒントを与えてくれます。

「6真理の探究」の項目では科学的な真実に接することにより、調べることのおもしろさや、新しい事実を知ることの感動を味わうことができます。

『海』は、魚やプランクトンなどの生物、地下資源、海底火山などの地形のことなど、海についてあらゆることが正確な絵や図と、低学年の子どもでもわかりやすい解説によって表現されていて、海への興味がそそられる本です。

伝記に学ぶ

「5希望と勇気、努力と強い意志」の項目では、『わたしはガリレオ』など実際に業績を残した人たちに学ぶことができる本を選んでみました。人は夢を実現させようと、目標をもって生きようとします。夢を実現するうえで人は困難を乗り越えなくてはなりません。先人たちの苦難を乗り越えていく姿は、読者である子どもたちに生きる勇気を与えてくれます。

学ぶことは感動すること

毎日の生活は新たな発見、感動の連続です。何気ない日常から疑問を持ち、思いをめぐらし、自分なりの考えを導くなかで、新しい価値を見いだすことが大切であり、そのことこそが学ぶことの意味でもあります。

『もしぼくが本だったら』は本を読むことによって、真実を知る喜びを味わったり、お話の楽しさに浸ったりすることができることを読者に話しかけてくれます。本を読むことを通して、真理を学び、お話のおもしろさや楽しさを知ってほしいという願いをこめて選書しました。

1 善悪の判断、自律、自由と責任

『漫画版　きみたちはどう生きるか』（マガジンハウス）が250万部を売り上げたそうです。原作は発行から80年というこの本に、今生きる人々は何を求めるのでしょうか。この本の主人公コペル君は友人を裏切り悩みます。彼にとって、友への裏切りは「許されない悪」でした。己の裏切りを悪とし、悩み続ける彼の姿を見て、ホッとするのは私だけではないでしょう。

今、世界ではさまざまの紛争が起きています。何が善で何が悪なのか、判断がつかない場合も多く、お互いに相手が悪いとののしり合い、自分は善だと主張しあう姿は、国同士でも個人同士でもよく目にします。

ところが、友への裏切りを悩み続けるコペル君の姿は、人間として確固とした善悪の判断基準があり、人間は信頼に値するのだ、と示しているように思えます。

さまざまな世界観が交錯する今、善悪を判断する人が「間違えない判断」をするために、どうしても必要なことがあります。それは、人が自立し自由であること、自分の責任をまっとうし誠実であることです。自分を見つめることから道徳を始めたいと思うのです。

（千田てるみ）

『あたまのなかのそのなかは？』

マリーの頭を外から見ても、中で何が起こっているかはわからない。マリーは「いろんな考えがぎっしり入ってるの」と、説明する。

うれしいとか悲しいとか、意地悪しちゃおうとかさまざまな考えが頭の中に浮かんでくる。「どんな考えも自分の頭で考えたこと」とマリーはいう。「みんなも自分の頭の中をのぞいてみてね」。自分の考えを自分自身で把握することは、意外に難しいことである。

シスカ・フーミンネ 文
イヴォンヌ・ヤハテンベルフ 絵
野坂悦子 訳
講談社／低学年〜

❷　絵本・読みもの・紙芝居ガイド

『しげちゃんとじりつさん』

　身体検査で、十字にかけた2つのお守りを決して離さないおばあちゃん子のしげちゃん。1学期の成績表に「自立を」と書かれて、自立のための模索が始まる。絵では恐ろしい目として表現され、しげちゃんを脅かす自立さんだが、自立とはどんなものかあらためて問いたくなる。物語では、おばあちゃんの工夫と、本人の懸命の努力で、自立への大きな一歩が踏み出される。自立を考える愉快な絵本。

室井滋・作
長谷川義史・絵
金の星社／低

『うわさごと』

　じいちゃんは子どものころに、ゲンシ病との噂があったケンゴと友だちになった。じいちゃんの兄とケンゴとじいちゃんは、差別をする人々を「ジンピンゲレツ」として、友情をはぐくんでいく。差別される側の理不尽な思い、事実を確かめない「うわさ」の恐ろしさ。今も人々のなかで繰り返される差別や心ない噂を跳ね返す力を、自分のなかでどう育てていくのだろうか、考え合いたい。

文・絵 梅田俊作
汐文社／中

『自由って、なに？』

　自由に関する素朴な疑問に答える本。「したいこと、なんでもできる？」「おおきくならなきゃ、自由になれない？」「だれにでも、自由に生きる権利があるの？」などの6章で構成されている。

　この『子ども哲学シリーズ』は全7巻からなり、他に「知るって、なに？」「自分って、なに？」「人生って、なに？」などがある。子どもが、自分で考え、自分で答えを見つけ出すための本として貴重である。

文：オスカー・ブルニフィエ
訳：西宮かおり
重松 清 日本版監修
朝日出版社／中

宮川ひろ・作
遠藤てるよ・絵
小峰書店／中

『春待坂をのぼる』★＝品切れ。図書館等でご利用ください

　康代の一家は教師をしている両親と祖母の4人家族だ。幸せを絵にかいたような仲良し家族の父が交通事故を起こし、幼い少年は死んでしまう。死亡事故という修復しがたい過ちを犯し、自責の念から病む父とそれを懸命に支える家族や周囲の人々。何ごとにも誠実に生きてきた父。償いとは何か、生きるとは何かが問われる。人間は弱く過ちも犯すが、それに余りある強さや優しさを持っていると気づかされる。

日本ペンクラブ「子どもの本」委員会 編
鈴木のりたけ 絵
小学館／高

『続 10歳の質問箱　なやみちゃん絶体絶命！』

　現代日本の40人の作家が10歳の子どもたちの質問に答える本の続刊。ドリアン助川氏は、前書きで「あなたの人生はあなたが主役です。なやむこと考えることで、この世に1人だけのあなたの人生が始まります」と書いている。「家出したらどうなりますか？」「テロと戦争ってどこが違うんですか？」質問は多岐を極める。そしてその回答も、自分の責任で考え、挑戦することを促し、子どもたちの未来を押し開くようだ。

ミタリ・パーキンス著
ジェイミー・ホーガン 絵
永瀬比奈 訳
すずき出版／高

『タイガー・ボーイ』

　英語とベンガル語は得意だが算数は苦手なニール。奨学金を得てコルカタの中学に行くことを期待されている。家族や故郷と離れるのは気が進まない。
　トラの子どもが保護区から逃げ出し、ニールも探すなか、貧しい村の生活と、それゆえ金で人を支配するボスの存在に気づく。少年は正義と家族の幸福のため、進学して村の将来を支えることを決意する。正義とは何か、自立とは何か、示唆に富んだ作品。

❷　絵本・読みもの・紙芝居ガイド

『ネルソン・マンデラ』

　迫力のある絵で伝える南アフリカ共和国初の黒人大統領ネルソン・マンデラの伝記である。クヌ村の丘を飛びまわっていた少年は、弁護士となりアパルトヘイト（人種隔離政策）と闘い続ける。27年ものあいだ獄につながれ、闘い続けた彼の原動力は何だったのだろう。巻末の解説が丁寧でわかりやすい。この本だけでなく、資料として紹介されている本や映画などに触れ、さらにマンデラの生き方を考えてほしい。

カディール・ネルソン／作・絵
さくまゆみこ／訳
すずき出版／高

『君たちはどう生きるか』

　中学生になった主人公コペル君は、自分の物の見方が子ども時代と違ってきたことに気づく。亡くなった父親から「立派な人間に育ってほしい」とコペル君の将来を託されたおじさんは、人間の在り方、社会のありようについてコペル君と手紙を交換し語り合う。1937年刊行。梨木香歩 著『僕は、そして僕たちはどう生きるか』　高橋源一郎 著『ぼくたちはこの国をこんなふうに愛することに決めた』も手に取ってほしい。

吉野源三郎 著
岩波書店／中学

『ファニー　13歳の指揮官』

　13歳の少女ファニーは、迫るナチスの手から逃れるため、妹や他の子どもたちとともにスイスへ向かう。リーダーが逃げ出し、途中からファニーが指揮官になる。困難に立ち向かい、状況に素早く対処し、逃亡を成功させるファニーに思わず拍手を送ってしまう。実話であり、多くの援助者がナチスの手で処刑された後日談には胸が痛む。緊迫した状況の下、責任をまっとうした少女の姿は生きる勇気を与えてくれる。

ファニー・ベン＝アミガリラ・ロンフェデル・アミット 編
伏見 操 訳
岩波書店／中学

2 正直、誠実

"正直に、嘘を言わずに"と、子どもの頃から教えられてきました。正直、誠実は、身近で明確な価値や概念のように感じられます。この項目で2つの言葉は同列に扱われていますが、意味を考えると「正直」は自分自身の内面に向き合うものであり、「誠実」は他者に対する態度や行為だという違いがあります。

『皇帝にもらった花のたね』は、花の芽が出なかったことを偽りなく話した少年が、その正直さと誠実さを認められる話です。

『ほんとうのことをいってもいいの？』は、たとえ事実でも公言することで相手を傷つけてしまう場合があると、主人公が気づき謝ります。他者を思いやり、真実を言わないという誠実さを学んだ話です。

『チョコレート・アンダーグラウンド』は、悪政の監視下、嘘を重ねながら抵抗する少年たちの姿が描かれています。彼らは不誠実で、違反者を正直に密告する同級生は誠実だと言えるのでしょうか。

　背景や理由や場面などで違ってくる、多様な「正直」「誠実」について考える素材を提示しました。

（平島和子）

作：ティエリー・ロブレヒト
絵：フィリップ・ホーセンス
訳：野坂悦子
文溪堂／低

『いじわるなないしょオバケ』

　こっそりママの部屋に入り、大切な真珠の首飾りをこわしてしまったサラ。ママに聞かれたとき、思わず知らないとうそをついてしまう。すると口から、ないしょオバケがとび出してきた。サラがないしょにした言葉を歌いながら、いじわるをしてくる。サラにしか見えないし、うそをつくたびに、どんどん増えていく。早く打ちあけたいけれど正直になれない、そんなサラの気持ちに子どもたちは共感することだろう。

❷　絵本・読みもの・紙芝居ガイド

『おこだでませんように』

　主人公は、家でも学校でも怒られてばかりの１年生の男の子。妹を泣かしたり友だちにパンチしたりしたのは、理由があるのに聞いてもらえない。ぼくは悪い子なの？　ほめられたいのに。七夕の短冊に１文字ずつ心をこめて「おこだでませんように」と書いた。先生も母親も、とてもつらい思いをさせていたのだと気づき謝る。母親に抱っこされ、男の子はとても幸せな気持ちになる。男の子の正直さに大人が気づかされる。

くすのき　しげのり・作
石井聖岳・絵
小学館／低

『皇帝にもらった花のたね』

　皇帝が世継ぎを選ぶことになり、「１年後に見せにくるように」と国中の子どもに花の種を渡した。花を育てるのが得意なピンも種をまき懸命に世話をする。春になり、他の子どもたちは美しい花を抱え宮殿に向かう。芽さえ出ていないことを恥ずかしく思っていたピンだが、父親の言葉に励まされ土だけの鉢を持っていく。種は全部火を通され、発芽しないものだった。男の子の正直さが報われる、色彩豊かな昔話絵本。

デミ　作・絵
武本佳奈絵　訳
徳間書店／低

『うそ』

　「うそつきは、ドロボーの　はじまりって　いわれるけど　うそをついてない　ひとなんて　いる？」ではじまる。テレビのセット、レストランの店先の見本、童話や昔話、いろんなうそに囲まれている。喜んでもらいたくて言うお世辞、だれかをかばうためについたうそ。良いうそ、悪いうそとは、どんなものだろう。同作者の「はじめてのテツガク絵本」には、他に『ないた』『おこる』がある。

中川ひろたか　作
ミロコマチコ　絵
金の星社／中

85

すとうあさえ・文
織茂恭子・絵
岩崎書店／㊥

『ざぼんじいさんのかきのき』
　ざぼんじいさんのお隣に、まあばあさんが引っ越してきた。おいしそうな柿とほめられたが、実ではなくへたをあげるざぼんじいさん。まあばあさんは、へたも葉っぱも枝も喜んで受け取り、すてきなアイディアで子どもたちといっしょに楽しむ。柿をひとり占めしようとしたざぼんじいさんは、しまいに柿の木を幹ごと切ってしまう。まあばあさんの前向きな生き方、誠実さに触れてもらいたい。

アンデルセン　作
乾　侑美子　訳
バージニア・リー・バートン　絵
岩波書店／㊥

『はだかの王さま』
　詐欺師２人組にだまされ、裸の行進をする王さま。「王さまは、なんにも着てないよ」正直な子どもの言葉が見物の列のささやきとなり、波のように伝わっていく様子が見事に描かれている。訳者は「バートンの描く王さまは、心やさしく、みえっぱりではあっても、都の人々は楽しく暮らしているのですから、ほんとうはいい王さまなのです」と言っている。繊細でユーモアに富んだ絵が、物語の雰囲気を伝えている。

パトリシア・C・マキサック　文
ジゼル・ポター　絵
ふくもと　ゆきこ　訳
ＢＬ出版／㊥

『ほんとうのことをいってもいいの？』
　はじめて母親にうそをついたリビーは、正直に話し気持ちが楽になる。最初で最後のうそ、これからは本当のことだけを言おうと決める。だが、正直に言うことで友だちを傷つけてしまい、だれも口をきいてくれなくなる。母親の「いわなくてもいいときにいってしまうことがある。いいかたがわるかったり」「おもいやりをもってほんとうのことをいうのは、ただしいこと」という言葉に気づかされ、成長する。

❷ 絵本・読みもの・紙芝居ガイド

『弟は僕のヒーロー』

　両親から「生まれてくる赤ちゃんは特別」だと聞かされ、5歳のジャコモは大喜びした。成長し、弟の特別の意味がダウン症候群であると理解したジャコモは、中学生になると友だちに弟の存在を隠すようになる。両親や姉妹、親友たちの言葉や弟の存在そのものが、彼の心を動かしていく。ジャコモが19歳当時、弟ジョヴァンニを撮影したショートムービーがきっかけとなり、誕生した実話だ。

ジャコモ・マッツァリオール
関口英子 訳
小学館／高

『チョコレート・アンダーグラウンド』

　選挙結果は変わらないと無責任に考えていたが、思いがけず健全健康党が第一党になった。チョコレートなどのお菓子は全面禁止、甘いものすべてが処分されることになる。違反者は逮捕、矯正教育をされる。少年ハントリーとスマッジャーは、この悪法に抵抗しようと、誠実な協力者バビおばさんとともにチョコレートを密売する。地下チョコバーの存在を隠す彼らの数々の嘘は、非難されるものなのか考えさせたい。

アレックス・シアラー 著
金原瑞人 訳
求龍堂／高

『ナゲキバト』

　両親を亡くし祖父の家に引きとられた9歳のハニバルは、2歳上のチャーリーと親しくなる。盗みも嘘も平気なチャーリーに誘われ、ハニバルは悪さを重ねてしまう。祖父についた嘘。「正直者の値打ちは、正直を通すところにある。嘘を言えば楽ができると思うような時でも。おまえの正直を手放すんじゃない」という祖父の言葉を噛みしめる。祖父の暮らし方や数々の言葉の意味が、クリスマスイブに明らかになる。

ラリー・バークダル
片岡しのぶ＝訳
あすなろ書房／中学

3 節度、節制

「節度、節制」とは、どういう場面で求められる価値でしょうか。外から要求されるものではなく、自身が決めた目標に向かって、自分で自分を律していくことではないでしょうか。「節度、節制」をいろいろな視点から考える本を選びました。

ムヒカ元大統領の『世界でいちばん貧しい大統領のスピーチ』では、物質的、金銭的な豊かさを求めて競争を激化させる社会や価値観を批判し、生き方を見直します。大量生産大量消費社会で、生活の無駄遣いをとらえ直す『もったいないばあさん』は、持続可能な地球環境保護をめざすものです。生活を楽しく豊かにする目標を決めて計画実行、工夫する力を育むのは、『めざしてみよう計画の名人』。障害を含めて自分に向き合い、壁を乗り越えて自立する姿を描く『テオの「ありがとう」ノート』。自分の体の大切な部分を知り、自他の人権意識をもって、誘拐や性被害などの犯罪から自分を守る方法を示すのは『とにかくさけんでにげるんだ』です。自分にとって何が大切なのか。どんな生活が望ましいのか。考え合うきっかけになる本です。

(滝脇れい子)

『アンナの赤いオーバー』

第2次世界大戦後に実際にあった話。アンナのオーバーは、すり切れて小さくなったが、戦争が終わっても、店にオーバーも食べ物もない。家にはお金もない。羊毛が生えるのを待ち、物と交換して羊毛を手に入れ、毛糸に紡いでもらう。自分でコケモモをつんで毛糸を赤く染め、仕立て屋に仕立ててもらうのに1年かかった。1つのものを作るために、さまざまな努力を重ねるアンナとお母さんの姿を通してテーマに迫りたい。

ハリエット・ジーフェルト ぶん
アニタ・ローベル え
松川真弓 やく
評論社／低

❷ 絵本・読みもの・紙芝居ガイド

『とにかくさけんでにげるんだ　わるい人から身をまもる本』

「デパートで迷子になったら」「知らない人に声をかけられたら」6つの話をもとに、誘拐や性被害を避ける具体的方法を考える。人に見せたり触らせたりしてはいけない自分だけの体の部分があることを知らせる。いざというとき、自分で判断し、逃げる力をつける。話し合うことやロールプレイが予防の力になる。カナダの授業で子どもたちに副読本として使われていた本。保護者のための解説も参考になる。

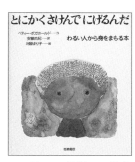

ベティー・ボガホールド 作
安藤由紀 訳
河原まり子 絵
岩崎書店／低

『もったいないばあさん』

「もったいないことしてないかい？」食べ残しや水の出しっぱなしをすると、もったいないばあさんが現れ、物を生かして大切に使う知恵を説く。子どもたちが「もったいない」の意味を考え、日々の生活の「もったいない」を発見し、その理由や解決方法を考えるきっかけにしたい。プラスチック製ストローや食器の使用を規制する動きもある。資源の使い方や環境問題に視野を広げ、話し合いたい。

真珠まりこ
講談社／低

『世界でいちばん貧しい大統領のスピーチ』

ウルグアイのムヒカ元大統領の国連でのスピーチをわかりやすく翻訳した絵本。彼は報酬の9割を社会貢献に寄付し農場で質素に暮らしている。「世界で一番貧しい大統領」と言われ、その主張と生き方が一致しているために世界に感動を呼び起こした。豊かさとは何か、人生で大切なこととは何かを考えさせる。「人より豊かになるため容赦なく競争を繰り広げる世界」に警鐘を鳴らし、人類の幸福とは何かを問いかける。

くさばよしみ 編
中川学 絵
汐文社／中

グロリア・ウィーラン 作
中家多惠子 訳
スギヤマカナヨ 絵
文研出版／中

斉藤洋とキッズ生活探検団 作
森田みちよ 絵
玉川大学出版部／中

クロディーヌ・ル・グイック＝プリエト：著
坂田雪子：訳
ＰＨＰ研究所／高

『ハンナの学校』

　100年以上前のこと、全盲の主人公ハンナは庇護されるばかりで学校に通えなかった。ロビン先生がハンナの家に下宿し、自分で自分のことができるように教えていく。ハンナの「学校へ行きたい」という思いを後押しし、両親の反対や周囲の無理解に向き合う。彼女は失敗しても諦めず、根気よく相手のことを考えて誠意を尽くす。級友や地域の人をも巻き込んでハンナが点字を学ぶ機会を得られるようにする姿が描かれる。

『めざしてみよう　計画の名人』

　物語「お誕生日まであと３日」と、解説「バムとめざそう　計画名人」の２部構成。計画とは、目的がうまくいくように作戦を立てること。〈忘れ物をなくすアイディア〉〈順番を考えるゲーム〉など５つのコツが示される。「こんな計画に挑戦したよ」の例を参考に、発想を広げてアイディアを出し合うこともできる。身近なことから手順を考え、失敗も活かして計画・実践する工夫がある。

『テオの「ありがとう」ノート』

　12歳のテオは、生まれつき両足と左手が不自由だ。家族と離れ障害者施設で暮らす。何をするにも介助が必要で「ありがとう」を何度も言わねばならないのにうんざりし、「ありがとう」と言うのをやめる。「生まれたときからはずれくじをひいた」という思いもあった。しかし、自分の気持ちを素直にみつめ、家族や友人、職員と関わるなかで、自分に自信をつけ、自分のやりたいことを見つけて実現していく。

❷ 絵本・読みもの・紙芝居ガイド

『モギ　ちいさな焼きもの師』

　12世紀韓国。親も家もなく名前も知らず橋の下でじいさんとくらす少年モギが主人公。ゴミ捨て場から食べ物を探す毎日だが、盗みと物乞いはしない。自分の目で観察し、よく聴き、考え、「世の中を、じかにしっかり読む」ことを教わる。焼き物師のもとで働くことになり、自分で高麗青磁を作る日を夢見て、試行錯誤しながら仕事を覚えていく。絶望的局面でも諦めない強さと、目標に向かって学び続ける姿が描かれる。

リンダ・スー・パーク
片岡しのぶ 訳
あすなろ書房／高

『もっともっと、速くなれる　パラ水泳山田拓朗』

　日本史上最年少13歳でパラリンピック出場を果たした水泳選手山田拓朗の物語。拓朗は、生まれつき左腕の肘から先がないが、それを不自由と感じることなく元気に育った。水が大の苦手だったが、水に慣れるよう水泳教室に通い、パラ水泳を目指すようになる。試行錯誤を繰り返し自分の体に合う泳ぎ方を研究し、練習方法を工夫して代表選手となるべく自分を律してきた。仕事と水泳を両立させ、さらに高い目標に挑む。

文・沢田俊子
新日本出版社／高

『10代からの考えるレッスン　哲学のおやつ　仕事とお金』

「仕事で幸せになれるか」「お金で幸せになれるか」という切り口から議論を深める。

「人間がお金を発明したのはなぜか」「働かなくていいような暮らしをしたいか」など、人々の生活や生き方のなかで、仕事やお金の意味についてさまざまな視点から考えあうヒントとなる。他に『生きると死ぬ』『自分と他人』など6巻のシリーズがある。

ブリジット・ラベ／
ミシェル・ピュエシュ
西川葉澄 訳
汐文社／中学

4 個性の伸長

　人は、顔が違うように、性格や考え方、感じ方、価値観などは、1人ひとり違っています。いろんな違いのなかで生きている私たちは、より自分らしい生き方を貫くことに努め、さらにお互いに理解し合おうと努力しています。しかし、違いが受け入れられず、いがみ合う場合も少なくありません。

　『ちがいを豊かさに』（人権の絵本2）は、さまざまな違いを、不幸なものでなく豊かなものにするにはどうしたらよいかを考えるきっかけを作ってくれます。

　相手の生き方を理解し共感すること、そのうえで自分らしさを伸ばそうとすることによって、私たちはともに生きていくことができます。『盲導犬不合格物語』は、訓練のなかで犬の特性をよく見て、盲導犬にならなくても、犬に合ったそれぞれの役割を見つけていく話です。『ダーウィンと出会った夏』は、厳しい生活環境や制約の多い社会で自分らしい生き方を求める主人公に、時代を超えて共感できる物語です。

　多様な価値を認め合い、個性的に生きることを励ます本を選びました。

（田邉妙子）

アラン・ラビノヴィッツ 作
カティア・チェン 絵
美馬しょうこ 訳
あかね書房／低

『ジャガーとのやくそく』

　強い吃音があり、自分の思いが伝えられずに苦しむ男の子。でも、動物園のジャガーには、すらすら話しかけることができる。治療や訓練を続け、自分の思いを伝えられるようになった彼は「君たちの代わりに動物を傷つけないでと伝える」というジャガーとの約束を忘れず、厳しい現状に生きる野生動物を守るために保護区をつくるよう訴え、世界初のジャガー保護区が実現された。動物研究者である作者の実話。

❷ 絵本・読みもの・紙芝居ガイド

『ゆっくりが いっぱい！』

　ジャングルには、速く走る、木から木へ素早く移動するなど活発に動く動物が多い。ナマケモノはたくさん眠り、ほんの少し食べ、ゆっくり動く。「なんでそんなに怠けてるんだい？」と聞かれたナマケモノくん。とっても長く考えて「静かに安らかに過ごすのが好きなんだ。でも怠けてるんじゃないんだよ」と答える。動物たちの姿から多様な個性が浮かび上がってくる。自分や友だちのよさを見つけたい。

エリック・カール さく
工藤直子 やく
ジェーン・グドール まえがき
偕成社／低

『あたまにつまった石ころが』

　作者の父は、子どもの頃から「あいつはポケットにも頭の中にも石ころが詰まっている」と言われるほど石を集めていた。そして、集めた石の名前や特徴を調べ、豊富な知識を得た。失職したときも職探しをしながら科学博物館に通い、石の知識を深めていった。石についての豊富な知識が役立ち、科学博物館で働くことになり、鉱物学部長にまでなった。好きなことを一途に追い、幸せな人生を送った男の実話。

キャロル・オーティス・ハースト 文
ジェイムズ・スティーブンソン 絵
千葉茂樹 訳
光村教育図書／中

『ぼくだけのこと』

　他の人にはない「ぼくだけのこと」って何だろう。ぼくは、毎日「ぼくだけのこと」を見つけていく。兄弟のなかでぼくだけえくぼが出る、仲良し7人組でぼくだけ逆立ち歩きができる、隣家の凶暴な犬がぼくだけにはほえないなど。ぼくは世界にただ1人、誰にも代われない。みんなにとって大切な存在であることを確認する。自分自身や周囲とのつながりを見つめ、誰とも代われない大切な自分を発見していきたい。

作 森 絵都
絵 スギヤマカナヨ
偕成社／中

沢田俊子／文
佐藤やゑ子／絵
講談社　青い鳥文庫／中

『盲導犬不合格物語』

　盲導犬の訓練を受けたが、無駄吠え、好奇心が強すぎるなどで、盲導犬としては不合格になってしまう犬がいる。しかし、すぐ吠えるのは警戒心が強い、こわがりは用心深いと、見方を変えたら素晴らしい能力になる。この犬たちは盲導犬としては適格ではないが、その能力を生かしキャリアチェンジして、介助犬やセラピー犬として活躍している実話。自分や友だちも見方を変えると別の面が発見できる。

河原正実　原案
梅田俊作　作・絵
岩崎書店／高

『おんちゃんは車イス司書』

　毎日面白いことを探している男の子３人組と日本で初めての車イス司書おんちゃんとの交流物語。図書館なんて面白くないけど、車イスのおんちゃんに興味を持った。車イスの試運転をしたり、カウンターに入り込んだりしていたが、おんちゃんの手伝いをし、本を借りるようにもなった。本を届けたおばあちゃんの話から、おんちゃんの長い闘病生活を知った。おんちゃんを理解し、自分のよさに気づき成長していく。

岩川直樹［文］
木原千春［絵］
大月書店／高

『人権の絵本②　ちがいを豊かさに』

　人権を尊重する社会であるためには、暮らしのなかで出会うさまざまなちがいを豊かなものにしていく道を探ることが、どうしても必要になる。この本は、「いろんなちがい」「ちがいを不幸にしてしまうとき」「ちがいをゆたかさに」の項目で暮らしを見つめ直すきっかけになる例をあげ、読者に問いかけている。子どもたちに適した具体例を選び、楽しく考える活動ができる。

❷　絵本・読みもの・紙芝居ガイド

『ひとつのいのち、ささえることば』★
　盲目の歌手である著者は、生後間もなく助産婦のミスで劇薬を点滴され失明してしまう。自分の出生の秘密を知り自暴自棄の生活を送るが、牧師との出会いで人生を生き直そうと決意した。その後に出会った人々に、自分では気づかなかった美しい歌声を見つけてもらい、歌手への道が開けていった。壮絶な半生を生きてきた著者の言葉が、優しく語りかけてくる。きっと心に響く言葉があるだろう。

新垣 勉
マガジンハウス／高

『自閉症の僕が跳びはねる理由　会話のできない中学生がつづる内なる心』
　著者は自閉症で、話をしようとすると言葉が消えてしまい会話ができない。だが、根気強い訓練により筆談やパソコンでのコミュニケーション方法を身につけた。「普通の人になりたいか」との質問に「障害のあるなしにかかわらず人は努力しなければいけないし、努力の結果幸せになれる。自分を好きになれるのなら、普通でも自閉症でもどちらでもいい」と答えている。

東田 直樹
エスコアール／中学

『ダーウィンと出会った夏』
　19世紀末のアメリカ南部テキサス州。図書館にダーウィンの『種の起源』を置いていない時代に、祖父は博物研究者としてダーウィンと文通をし、『種の起源』を送られていた。主人公は祖父と森や川に出かけ、博物学に目を開かれていく。彼女は動植物を研究するのが自分らしい生き方だと思うが、なかなか理解されず、周囲の期待と自分の気持ちのあいだで悩む。100年後の今、自分らしく生きることについて、考えてみたい。

ジャクリーン・ケリー 作
斉藤倫子 訳
ほるぷ出版／中学

5 希望と勇気、努力と強い意志

　今日は、希望を持って生き抜くことが困難な時代、不安に満ちている時代と言えないでしょうか。こんな時代だからこそ、困難に立ち向かう力を持つことが大切になってきます。子どもたちにはたとえ、周囲の応援を得られない状況でも、諦めずに前をしっかり見て進んでほしいと願っています。

　『ヘンリー・ブラウンの誕生日』は、自分を小包にして、逃亡を果たした奴隷の実話です。揺るがない強い意志と努力があってこそ、やり遂げられる姿が描かれています。信念を持って自分を突き動かし、立ち向かった例です。『ピートのスケートレース』は、第2次世界大戦下に姉弟を逃がす任務をやり遂げた少年の話です。なんとしても助けたいという思いが不可能を可能にしました。『ヤクーバとライオン』は、殺さない勇気を選択したヤクーバが描かれています。「希望と勇気」と言っても、いろいろな形があります。物語のなかで描かれた人たちの思いを、自分のものとして捉え、自分ならどうするか、何ができるかを考えあいたいものです。

（津金由美）

エドワード・アーディゾーニ 作
あべ きみこ 訳
こぐま社／低

『時計つくりのジョニー』

　ジョニーは、手先がたいへん器用で、もの作りが上手な小さな男の子。お気に入りの本『大時計のつくりかた』を読んで100回目、本物の大時計を作ると宣言。両親も先生も友だちも「大時計なんか作れっこない！」とまるで相手にしない。味方はスザンナだけ。かじやのジョーの助けを得て、ふりこを作ったジョニーは、大時計の完成に向けて励む。好きなことをやり続ける努力と強い気持ちに、希望をもらえる作品である。

❷ 絵本・読みもの・紙芝居ガイド

『わたしがノーベルしょうをとったわけ』

わたしのすきなことは、絵を描くこと。図鑑を見ること。不思議なものを見つけること。その不思議なものの絵をノートに描いてよく観察すること。ある日、不思議な卵から見たこともない生き物が生まれた。メロウと名付けたその生き物を毎日毎日観察して日記をつけたわたし。研究を重ねた結果、すばらしいニュースが舞い込む。やろうと決めたことをやり続けた少女の話。パステル調の絵からも楽しさが伝わってくる。

さく・ナカオ マサトシ
え・ドーリー
フレーベル館／低

『ウエズレーの国』

一風変わった少年、ウエズレーには友だちがいない。彼は、夏休みの自由研究に「自分だけの文明」をつくり出す。自分だけの作物を育て、自分で発明した機械でいろいろな物をつくる。1人で遊べる新しいゲームや文字まで発明する。次々につくり出す様子を絵とともに楽しみたい。読者もきっと何かをつくり出したくなるだろう。うらやましくて仕方がない、近所の子どもたちを巻き込んでいくことにも着目してもらいたい。

ポール・フライシュマン 作
ケビン・ホークス 絵
千葉茂樹 訳
あすなろ書房／中

『ぼくのクジラ』★

嵐の翌朝、浜辺に横たわるクジラを見つけたサム少年。クジラは人間に狙われ、殺された歴史があった。立派な歯を取って飾ったり、歯に彫刻をして売ったりした人がいた。サムは照りつける太陽やクジラを狙う男たちから守ろうと、自分にできることを必死で考え、実行に移した。クジラと心を通わせ、子犬のルーシーとアンガス先生の助けを得て、全力で命を救った。彼の勇気に感動を覚え、共感を抱ける作品である。

キャサリン・スコウルズ／作
百々佑利子／訳
広野多珂子／絵
文研出版／中

ナンシー・チャーニン 文
ジェズ・ツヤ 絵
斉藤洋 訳
光村教育図書／中

『耳の聞こえないメジャーリーガー　ウィリアム・ホイ』
　「ストライク」「セーフ」など今では誰もが知っている、審判のジェスチャーを考えたメジャーリーガー、ウイリアム・ホイ。彼は小さいときに髄膜炎にかかり、聴力を失った。聾学校卒業後、靴修理店で働いたが、大好きな野球の練習を続け、プロ入りを果たす。彼は、試合に勝つためのサインをつくり、ジェスチャーやサインプレーなど誰もが楽しめる野球づくりに貢献した。

梯 久美子 文
フレーベル館／中

『勇気の花がひらくとき　やなせたかしとアンパンマンの物語』
　やなせ氏のもとで編集の仕事をしていた著者が伝える、やなせ氏の平和を愛する温かい心と勇気。アンパンマンのマーチの歌詞にある「なんのために生まれて　なにをして生きるのか」を彼は問い続けた。東日本大震災の際、避難所のラジオの番組で「アンパンマンのマーチ」が流れ、子どもたちは大合唱。大人たちも勇気づけられ、リクエストは途切れることがなかった。

ルイーズ・ボーデン作
ニキ・ダリー 絵
ふなとよし子 訳
福音館書店／高

『ピートのスケートレース　第二次世界大戦下のオランダで』
　第2次世界大戦最中、ナチスに占領されたオランダ。スケートの得意な10歳の少年ピートは、2人の姉弟をベルギーのブリュッヘに逃がすという重大な仕事を任される。検問での恐ろしいやりとりでも怯まなかった。国境を越え、16キロもの距離を兵士に見つからないように滑った。恐怖と寒さのなか、やり遂げた彼は、姉弟とともに本当の勇気を証明した。

❷ 絵本・読みもの・紙芝居ガイド

『ヘンリー・ブラウンの誕生日』

　ヘンリー・ブラウンは、黒人奴隷として生まれ、誕生日もない。結婚し、2人の子どもを授かったが、妻と子は奴隷市場で売られてしまう。「自由になりたい」。彼は、友人ジェイムズと奴隷制に反対する白人のスミス先生に助けを求め、自ら箱に詰められ、小包として蒸気船に乗った。何があっても動かず、27時間かけてフィラデルフィアへ。自由になった日、彼はその日を誕生日とした。わずか百数十年前の実話である。

エレン・レヴァイン作
カディール・ネルソン 絵
千葉茂樹 訳
すずき出版／高

『ヤクーバとライオン　Ⅰ勇気』

　戦士と認められるために、ライオンを倒しに出かけたヤクーバと瀕死のライオンの物語。ライオンは、彼に「殺す」「殺さない」2つの道を目で語りかける。名誉ある戦士の道か、勇気のない男として軽蔑される道か。白と黒の大胆なトーンの絵から、彼らの思いが強く伝わってくる。のちに彼が世話をする村の牛たちは、2度とライオンに襲われることはなかった。生きるものの命を守る気高さこそ「勇気」だと教えている。

ティエリー・デデュー 作
柳田邦男 訳
講談社／高

『はじまりの日』

　ボブ・ディランの名曲「フォーエヴァー・ヤング」。訳者はこの題名を「はじまりの日」と訳した。「毎日が君のはじまりの日　今日も　明日も　新しい君の」「流されることなく　流れをつくりますように」などノーベル文学賞を受賞した彼のメッセージが希望に満ちた言葉で表現されている。彼に勇気と影響を与えた人々などをポール・ロジャースは絵に登場させた。巻末のヒントをもとに、それらを見つけ出すのも楽しい。

ボブ・ディラン 作
ポール・ロジャース 絵
アーサー・ビナード 訳
岩崎書店／中学

6 真理の探究

　真理は時代ごとに変わるものであり、真理を疑い新しい真理を探究することこそ大切なことであると考えます。ガリレオも関孝和もジェーン・グドールも、それまでの真理を大切にしながら、深く自分の考えをもち、自ら新しいものを生み出しています。ここに挙げた本を楽しみながら読み、疑問をもち、仲間とともに議論していくなかで、真理とは何かに迫ってみましょう。

　現在、子どもたちが使用している道徳の教科書の「真理の探究」の項目には、伝記が多く取り上げられています。けれども、先人たちの真理に迫る努力を理解するとともに、子どもたち自ら真理の探究に目を向けてほしいと考え、「宇宙」「地球」「生物」「哲学」に関する本も入れてみました。また、文部科学省の道徳科の内容「真理の探究」は、低・中学年は含まれていませんが、小さいうちから「飽くなき探求心」「真理を探る心」をもって欲しいと思い、低学年の子どもたちにも読める本も挙げました。

（根岸由美子）

ジャネット・ウィンター 作・絵
まえざわあきえ 訳
福音館書店／低

『いつも みていた　ゆめをかなえた女の子 ジェーン・グドール』
　イギリスの動物学者ジェーン・グドールの伝記絵本。子どもの頃からの夢だったアフリカに渡り、チンパンジーを研究。チンパンジーの群れに入り、その生態を解き明かしていった。現在でも、動物たちの住む森を守る活動を続けている。高学年以上の子どもたちには、『ジェーン・グドール　チンパンジーが教えてくれたこと』（汐文社）も薦めたい。

❷ 絵本・読みもの・紙芝居ガイド

『海』

　1969年に初版が出版されてから半世紀。少しも古さを感じさせない。身近な海岸からスタートし、海の中を探りながら地球を1周。低学年から中学生まで見るべき読むべき情報にあふれている。加古里子が子どもたちにしばしば語ってきたメッセージ「これからの未来をおしすすめ、もっとよい世界にするため科学や学問を身につけ、ちがった意見をよくきき、考えをふかめて実行する」が、具体的に感じられる絵本だ。

加古里子　ぶん／え
福音館書店／低

『ながいながい骨の旅』

　骨をもたない生物が背骨をもつようになり、陸上で活動をするために骨がさらに進化し、体を支え、大切なものを守るようになった。骨を見ると、それぞれの生物がそれぞれの環境のなかで生き抜いてきた秘密や工夫がたくさん見つかる。環境や暮らし方が変われば、骨の形は少しずつ変わっていく。骨は今も進化の旅を続けていることがわかる。『ほねほねたんけんたい』(アリス館)も併せて紹介したい。

文　松田素子
絵　川上和生
監修　桜木晃彦　群馬大学自然史博物館
講談社／中

『深く深く掘りすすめ！〈ちきゅう〉
世界にほこる地球深部探査船の秘密』

　人は宇宙へ行くことはできるようになったが、地球の中心部へ行くことはできない。地球内部の謎を探る探査船〈ちきゅう〉にはさまざまな知恵が込められている。2011年3月11日、青森県八戸港に停泊中の〈ちきゅう〉は、大震災の大津波に遭った。地震の原因を探るため、地球という謎の箱を開ける鍵をもっている〈ちきゅう〉は「コア」の探索に取りかかる。

山本省三
絵・友永たろ
くもん出版／中

101

ぶん ジョゼ・ジョルジェ・レトリア
え アンドレ・レトリア
やく 宇野和美
アノニマ・スタジオ（KTC中央出版）／中

『もしぼくが本だったら』

　短い文章とシンプルな絵で、本を読むこと、本を読んで知識を探究したり、感動を共有したりすることが書かれている。「もしぼくが本だったら、ぼくのことを〈友だち〉とよぶ人に夜がふけるまで読まれたい」など、1つひとつの文章に共感する子どもがいるに違いない。「もしぼくが本だったら」に続く文章の意味を考え、ディスカッションしたい。さらにその問いに答え物語を豊かにする活動にも取り組める。

本川達雄 文
あべ弘士 絵
福音館書店／高

『絵とき　ゾウの時間とネズミの時間』

　大きな動物でも小さな動物でも、どちらも息を1回吸って1回吐くあいだに心臓は4回打っている。短いと思っていたネズミの一生も、長いと考えていたゾウの一生も、それぞれの時間を生きていると考えられる。では、人間の一生はどうだろうか。色彩豊かな絵からも、想像力をかきたてられる。『ゾウの時間とネズミの時間　サイズの生物学』（中央公論新社）も参考になる。

ボニー・クリステンセン 作
渋谷弘子 訳
さ・え・ら書房／高

『わたしはガリレオ』

　1564年に生まれたガリレオは、近代科学の発展に大きな足跡を残した。そのガリレオの生涯について、ガリレオ自らの言葉で綴った絵本である。彼は、実験を繰り返して振り子時計を作ったり、望遠鏡を改良して天体観測をし天動説を唱えたりした。自分の目でものを見て、自分の頭で考える大切さを伝えている。『星の使者　ガリレオ・ガリレイ』（ピーター・シス作・絵 徳間書店）なども参考にしたい。

❷ 絵本・読みもの・紙芝居ガイド

『宇宙への秘密の鍵』

物理学者、スティーブン・ホーキング博士が娘のルーシーとともに子どものために書いた本である。太陽系だけでなく宇宙全体の不思議について語りかけている。主人公ジョージの冒険物語でもあり、理論物理学の基礎がわかる解説本の役割も果たしている。現代科学に疑問をもち、「文明の利器」を使わない両親のもとで、ジョージは宇宙に興味をもち、宇宙への秘密の鍵を見つけるべく真理を探究する。

ルーシー＆スティーブン・ホーキング
訳 さくまゆみこ
岩崎書店／中学

『円周率の謎を追う 江戸の天才数学者・関孝和の挑戦』

江戸時代の日本の科学技術は、世界水準にあった。鎖国という時代のなかでも、真理を追究した人たちがいる。関孝和は、最も優れた数学者だ。中国の書物から得た円周率に疑問をもち、その謎を追究し、円周率を正確に11桁まで解明した。

『月のえくぼを見た男 麻田剛立』（鹿毛敏夫作 くもん出版）も、近代天文学の礎を築いた剛立の熱意が伝わってくる物語である。

鳴海 風 作
伊野孝行 画
くもん出版／中学

「紙の砦（『ゴッドファーザーの息子』手塚治虫文庫全集）」

手塚治虫の自伝的作品。太平洋戦争中、マンガ家を目指す鉄郎は、自分の夢を実現するために入った中学校で、軍需工場へ勤労動員される。戦争という状況下で、自由に生きることのできない理不尽な生活を余儀なくされる。横暴な教官、非国民という言葉で苛められ虐げられる毎日、敵兵に対する思い。戦争が終わって「新しい真理」が立ちあらわれる。「紙の砦」に込められた意味を考えあいたい。

手塚治虫
講談社／中学
©手塚プロダクション

身近だからこそ　多様な視点で

B　主として人との関わりに関すること

岩辺泰吏

社会的な広がりのなかで考える

「B　主として人との関わりに関すること」のリストアップにおいて、私たちが心がけたことは、選書のスケールが小さく、狭くなってしまわないようにすることです。道徳の教科書を読んで気がつくことは、身近な人間関係における心配りに限定した教材が多いことです。指導要領の解説に寄り添っているためだと思います。そのため、同じ教材が複数の教科書に採用されていることが少なくありません。私たちは、幅広い視点、社会的な広がりを大切にしようと努力しました。

たとえば、「7 親切、思いやり」で、取り上げた『かならずお返事書くからね』は、アメリカの中学生が授業の一環として行った文通で、貧困のなかで夢に向かって励むジンバブエの少年の苦境を知って、彼の支援のために家族とともに努力して夢を実現させていく実話です。これを読んだときに、「親切、思いやり」がたんなる温かい心配りにとどまるのではなく、国境を越えた友情、国際連帯の、同世代による具体的な行動として感動を深くするのではないでしょうか。

変化する世界と「礼儀」

「9 礼儀」のリストはとりわけ難しい作業でした。茶道や武道（剣道等）を取り上げている教科書もありましたが、私たちは「礼儀」を〈作法・マナー〉に閉じ込めず、多様な視点から考えてみました。

「礼儀」は、「社会のきまりにかなう、人の行動・作法。そのような敬意の表し方。」（岩波国語辞典第7版新版）と解釈されますが、「社会」は激しく変化しており、ま

❷　絵本・読みもの・紙芝居ガイド

た広く国際的な交流も進んでいます。若い世代はどんどん「きまり」を変え、「敬意の表し方」も変えていくことでしょう。『世界のあいさつ』では、多様な挨拶の仕方を紹介しています。『ともだちは、サティー！』『まっすぐな地平線』では異なるマナー・習慣による誤解も誠実な触れ合いによって克服していくことができることを伝えています。

　東日本大震災後の生き方を模索する若者を描いた『希望の地図』をあえて「礼儀」に置いたのも、議論を呼びかけるためです。被災者を訪ねる旅から学んで、そこで葛藤しつつ、復興へ努力する人々への共感と敬意を培っていくことに、本当の「敬意の表し方」があるのではないでしょうか。一歩踏み出すことによって深まる「人との〈真実の〉関わり」に学びたいと思います。

まず文学として読むことから

　「10 友情、信頼」では、『世界で一番の贈り物』で、個人のあいだではなく、戦争という大きな状況下でも阻むことはできなかった友情、信頼を考えようとしています。イギリスとドイツの兵士がクリスマスをともに祝った史実による物語です。

　「11 相互理解、寛容」は、まさに今日的なテーマです。性とジェンダー、世代、親子・家族、宗教、難民等々、さまざまな問題を取り上げました。『難民になったねこクンクーシュ』は、戦禍のイラクを逃れる家族から離れてしまったねこを、避難先を探し出してノルウエイまで届けたNPOの若い女性たちのノンフィクションです。この作品をどこに置くかも時間をかけて議論しました。難民という立場に追い込まれた人々を支援するのは、相互理解の姿であることは異論はありません。しかし、これを進めたＮＰＯの女性たちを支えたのは、どんな立場の友であろうと苦難を分かちあおうとする「友情」の発揮だともいえます。また、そこには自然な、やさしい「思いやり」の精神があるといえます。

　本来の読書は、「テーマ（徳目）ありき」ではありません。「作品ありき」です。ここに取り上げた作品を教室の持ち込み、読みあって、それぞれの感想を話し合うところから始めていただきたいと思います。

7 親切、思いやり

　目の前に苦しんでいる人や困っている人、悲しんでいる人がいるときに、自分に何ができるだろうか、と考えることから親切や思いやりがはじまります。それは周囲の人たちと関わりを持つきっかけともいえます。
　『どんなかんじかなあ』では、目の見えない友だちや耳が聞こえない友だちのことを想像し体験しようとすることにより、友だちの〈すごい〉ところを発見しようとする主人公の思いが語られています。
　『しっぱいにかんぱい！』では、リレーでバトン渡しに失敗して失格となり、落ち込んでいた主人公に、家族がそれぞれ失敗した経験を話し始めます。相手の気持ちに寄り添うことの大切さが語られています。
　『かならずお返事書くからね』は、ジンバブエの男の子との文通を通して、貧困に苦しむ友だちに支援の手をさしのべようとする実話です。大人になった作者ケイトリンの「優しさは、それに触れた人に伝染するものだ。それは、私の人生を変えた」という言葉が印象的です。親切や思いやりは、人々の心と心をつなぐ糸のようなものです。

（渡部康夫）

朽木 祥・作
ささめやゆき・絵
佼成出版社／低

『あひるの手紙』

　ある日、1年生の教室に「あひる」とだけ書いてある不思議な手紙が届いた。近くに住む24歳のけんいちさんからの手紙だった。後から文通をしたいという申し出が伝えられた。子どもたちは、みんなでしりとりを考え、絵も添えて返事を出す。次の言葉を予想し、つなげる言葉をあれこれ工夫しながら手紙を待ち、1年間の交流が続く。本当にあったエピソードをもとにして書かれた創作。「ともに生きる」姿が描かれる。

❷ 絵本・読みもの・紙芝居ガイド

『すずめのくつした』

　小さな靴下工場で父と2人のおじさんと暮らすアンガスは働くのが大好き。親友はスズメのブルースである。アンガスの悩みは、工場の製品がだんだん売れなくなっていること。お父さんたちは、すてきな冬の靴下を作って苦境を乗り越えようとする。冬が近づいたある日、アンガスは寒さで震えているブルースのために小さな靴下を作る。他のスズメたちも靴下をほしがる。少年の親切が、奇跡をもたらす物語。

ジョージ・セルデン／ぶん
光吉郁子／やく
ピーター・リップマン／え
大日本図書／低

『せなかをとんとん』

　しんぺいのお父さんの耳は聞こえない。言葉も上手く話せない。後ろから声をかけるときは、せなかをとんとん。ある日、知らないおばさんから道順を聞かれたお父さんは手話で説明しようとしたが、おばさんは「もう結構です」とすたすた歩き出す。お父さんが馬鹿にされたように思ったしんぺいは、「なんでお父さんにきかないんだよ」と大声で言う。おばさんの態度、しんぺいの行動から、思いやりについて考えたい。

最上一平・作
長谷川知子・絵
ポプラ社／低

『せかいで いちばん すてきな ないしょ』

　くまの仲良し3人組の話。嵐がやってきて、ちゃいろくんの家がばらばらに壊れてしまう。くろくんは、怪我をしたちゃいろくんを背負って自分の家に連れて行き、看病する。ちゃいろくんが寝ているあいだ、くろくんとしろくんは毎日出かけていく。「どこにいくんだい」と尋ねるちゃいろくんに、「ないしょ」と言いながら、壊れたちゃいろくんの家を直す。2人の優しい思いやりに気づいてもらいたい。

作 Cliff Wright クリフ・ライト
訳 おかだよしえ
学研／低

ジェーン・カトラー 作
グレッグ・コーチ 絵
タケカワユキヒデ 訳
あかね書房／中

『Oじいさんのチェロ』★

　戦争に巻き込まれ、街にいるのは子どもと女性と老人と病人だけ。あるとき、いつも「オー」と怒るOじいさんが広場でチェロを弾いた。少女もみんなも生きていく勇気をもらった。毎日4時になると、彼はチェロを持って広場に出てくるようになった。広場に爆弾が落とされ、チェロがバラバラになっても彼はハーモニカを持って広場に現れた。音楽を通して、人々に希望を与え続けたOじいさんの思いを感じ取りたい。

宮川ひろ 作
小泉るみ子 絵
童心社／中

『しっぱいにかんぱい！』

　達也のお姉ちゃんは6年生。全校リレーで1番になろうと、張り切りすぎて反則をしてしまい、失格になって落ち込んでいる。そんなお姉ちゃんに親戚や家族が自分の失敗談を次々に語っては、みんなでカンパーイ。読み進むうちに、失敗体験は大切な人生経験であり、辛いときや苦しいとき、優しい心遣いや、思いやりに出会う嬉しさを思い出す。子どもたちは、実体験を話し合うことで、より深く共感できるだろう。

ぶん 中山千夏
和田誠 え
自由国民社／中

『どんなかんじかなあ』

「ぼく」は考えた。目の不自由な友だち、耳の不自由な友だち、両親を亡くした友だちは「どんなかんじかなあ」。立場の違う人の気持ちに寄り添おうと、目をつぶったり、耳栓をしたりしてみると、友だち1人ひとりのすごいところがわかってくる。「動けないってすごい」と言われる「ぼく」のことは、最後の絵によって明かされる。それぞれの立場を思いやることを呼びかけている。

❷ 絵本・読みもの・紙芝居ガイド

『髪がつなぐ物語』

　病気などにより髪を失った人たちが使用する医療用ウイッグの材料に、切った髪を寄付することをヘアドネーションという。「ヘアドネーションって誰かの『うれしい』をふやせるんだ」と寄付した男の子は、髪を伸ばしているとき、周囲の好奇な目や心ない言葉に傷つく。日本でヘアドネーションを広めている人や協力している人、病気と闘いながら待っている人。立場の違う人たちに思いをはせたい。

別司芳子
文研出版／高

『ぶたばあちゃん』

　孫娘といっしょに暮らすぶたばあちゃんは、最期のときを迎える。図書館に本を返し、銀行の口座を閉じ、支払いを済ませると、ばあちゃんは「目にごちそうをする」といって、孫娘と町中を散歩し美しいものを見てまわる。ばあちゃんは孫娘に何を伝えようとしたのだろうか。孫娘は悲しみを抑えつつ、ばあちゃんに寄り添う。2人がこれまで過ごした豊かな時間、孫娘がこれから生きて過ごす時間を想像しながら読みたい。

マーガレット・ワイルド 文
ロン・ブルックス 絵
今村葦子 訳
あすなろ書房／高

『かならずお返事書くからね』

　アメリカの中学1年生ケイトリンは、学校の課題をきっかけに、それまで聞いたこともないアフリカの国ジンバブエの男の子、マーティンと文通をはじめる。しだいにわかってくるマーティン一家の貧困状況。勉強だけが将来を開く道だと懸命に努力するマーティン。あらゆる支援を模索し実行するケイトリンと家族、力を貸してくれる人々によって、マーティンは夢をかなえる。深い友情と思いやりで結ばれた実話。

ケイトリン・アリフィレンカ、
マーティン・ギャンダ
[編] リズ・ウェルチ
[訳] 大浦千鶴子
PHP研究所
中学

109

8 感謝

　感謝というテーマで描かれた話は多くあります。それだけ人生の根幹に関わる言葉として感謝の言葉があるといえるでしょう。感謝の言葉そのものではなく、その言葉に裏打ちされた、相手に対する愛情や思いやりなどの心こそ大切ものなのです。

　『おかあさん、げんきですか。』では、４年生の主人公が母の日に母への手紙を書くことになります。母に言いたいことを書いているうちに、自分のことを思っていてくれる母への感謝の気持ちに気づく話です。

　『銀の匙』では、大切に育てている豚を食べるということを通して、命への感謝が語られています。

　『テスの木』では、175歳になる大木への感謝が語られています。

　家族や友人、先生だけでなく、食卓にのぼる野菜や肉、生活を彩るさまざまな自然すべてによって私たちは生かされていることに気づきます。本の中に登場する多くの登場人物と出会い、私たちの生活を支えてくれる自然とのつながりを考えてもらいたいと思い、本を選びました。

（渡部康夫）

森山 京・作
ささめや ゆき・絵
文溪堂／低

『ありがとうっていいもんだ』

　年上のキツネの子がかっこよく言った「ありがとね」を真似てみたくなったブタの子。友だちに言おうとするが、行き違いから皆にあきれられる。恥ずかしく、情けなく１人とぼとぼ帰る道。クマのおじさんやネズミの子とさまざまなありがとうの言葉を交わす。明日は友だちに会って今日のできごとを話そうと考える。「ありがとうっていいもんだ。じぶんがいうのもじぶんにいわれるのも」と言うブタの子の思いを深めたい。

❷ 絵本・読みもの・紙芝居ガイド

『おじいちゃん』

　おじいちゃんが死んだ。おじいちゃんの部屋はそのままなのに、おじいちゃんはもういない。いっしょに遊んだ宅配便ごっこの車。ブランコで背中を押してくれた大きくて柔らかな手、バスで通った海。竹とんぼ飛ばし、草笛、木登り、忍者ごっこ、かくれんぼ、昔話。死を悲しむ気持ちやたくさんの思い出の背景にある、感謝の思いに気づいてもらいたい。思い出の中心にある千年イチョウの存在にも目を向けてもらいたい。

梅田俊作　梅田佳子　作・絵
ポプラ社／低

『テスの木』

　テスは6歳の女の子。テスの木は175歳の大木。テスは木にブランコを吊るし、木陰にテントを張り、落ち葉のふとんにもぐって、この大好きな木と過ごしてきた。ところが、嵐で傷んでしまい切り倒されることに。テスは木のお葬式を思いつき、集まった人々は木への感謝と思い出を語る。この大木が長い歳月、多くの人々に愛され続けてきたのだとわかったテスは、別れを乗り越え、気持ちを新たにする。

ジェス・M・ブロウヤー　文
ピーター・H・レイノルズ　絵
なかがわ ちひろ　訳
主婦の友社／低

『おかあさん、げんきですか。』

　4年生の僕は、学校でお母さんに母の日の手紙を書くことになる。「細かく口出ししないで。僕の物を勝手に捨てないで」などと母への要求を連ねる。書くうちに、仕事を持つ母との繋がりに気づき、照れながら自分なりの「ありがとう」の気持ちを伝える。行間に、テキパキ働くお母さんの姿と、お母さんへの僕の思いがにじみ出てくる。武田美穂の絵がユーモラスに、あたたかい作品世界をつくっている。

後藤竜二・作
武田美穂・絵
ポプラ社／中

日野原重明 文
岡田千晶 絵
朝日新聞出版／中

『だいすきなおばあちゃん』

　マリの大好きなおばあちゃんは、あやとりしながら、指の話をしてくれた。2人はいつもいっしょだった。寝たきりで動けなくなっても、歌ったり、おしゃべりしたりした。話ができなくなっても、目が合うとにっこり笑ってくれた。最期のとき、おばあちゃんは、みんなに「ほんとうにありがとう」と言い、家族みんなも「ありがとう」と言った。多くのことに感謝し、心から「ありがとう」を言いたくなる作品だ。

中島啓江／原案
河原まり子／作・絵
岩崎書店／中

『わたしから、ありがとう。』

　ももはいつもいじめっ子にいじわるをされていた。みんなも離れていき、「ひとりぼっち」を強く感じていたももが、引っ越しをすることになった。当日の朝、不本意にも、母と「1人ひとりの目をまっすぐ見て『ありがとう』を言う約束」をした。頑張って言うと、みんなから温かい言葉が返ってきた。いじめっ子までもが涙を流して「ありがとう」。この言葉が、なぜ、もの魔法の言葉になったのか、考えてもらいたい。

パトリシア・ポラッコ 作・絵
香咲弥須子 訳
岩崎書店／高

『ありがとう、フォルカーせんせい』

　識字障害のあるトリシャは、教室でたどたどしく読むたびに笑われ、いじめを受けるようになった。自信をなくしていた彼女は、5年生で担任になったフォルカー先生から適切な支援を受けて、自分はできるという自信と守られている安心感を持てた。特別な練習をし、大好きな本が読めるようになった。長じて児童文学者になったトリシャは「先生のおかげで人生が変わったのです」と礼を言った。著者の自伝的作品。

❷ 絵本・読みもの・紙芝居ガイド

『おじいちゃんは水のにおいがした』

「魚がいる川には、きれいな水があるんだ。人間が飲む水である前にすべてのいきものたちの水なのだ」という三五郎さん。さお1本で木舟を操り、必要な量だけの漁をする。家の川端(かばた)には、こんこんと水が湧き出る井戸があり、野菜、鍋、食器などを洗う。

その水は川に流れ、コケや水草、貝類などで濾過され生き返る。自然に感謝し、自然の一部になって生きている人々の暮らしを写真を通して伝えようとしている。

今森光彦
偕成社／高

『銀の匙　Silver spoon』

主人公八軒は、「成績至上主義」という競争社会に嫌気がさし、そうしたものとは無縁に思えた農業高校へと入学する。彼はそこで、自分の視野の狭さに気づく。畜産物である豚を愛情をもって育て、命に感謝しながら食べることで、命の尊さ、生命を育み続けることへの感謝の気持ちを、友人や教師、生き物たちとの関わりを通して学ぶ。皆に感謝される八軒自身も自分の価値を認識していく。人気の青春コミック。

荒川 弘
小学館／中学

『フィリピン・ミンダナオ子ども図書館　手をつなごうよ　日本にいちばん近いイスラム戦争地域での活動』

フィリピン、ミンダナオ島に住み、建物のない図書館を立ち上げた松居友氏が語るミンダナオ島の戦闘、貧困、子ども、松居氏自身のこと。数年に1度起こる戦闘に戸惑いながらも、最貧困にあえぎ宗教も民族も言葉も違う子どもたちが、「ともに育ちあう場」を松居氏は作り上げる。未来につながる援助とは、感謝される援助とは、援助の在り方についても考えさせられる。

松居 友
彩流社／中学

9 礼儀

礼儀とは相手を敬う気持ちを表現する行為です。相手を尊重することともいえます。礼儀も国によって表現の仕方が変わります。また世界には礼儀より、衣・食・住、つまり生きのびることが最優先という状況の子どもたちも大勢います。さまざまな状況のなかで、相手を尊重し、敬意を失わないで生きていくとはどういうことでしょうか。そういうことに思いを馳せるきっかけにしたいと考え、形だけにとらわれず礼儀の根底にあるものを大事にして選書しました。

『ともだちは、サティー！』は、異文化のなかで２人の少年が友情を育てる物語ですが、一方の少年の行為が相手にとってひどく礼儀に反することだったのが原因で気まずい出会いになった場面が書かれています。『希望の地図』は不登校の中学生が、父の友人のルポライターに同行して東日本の震災地を訪ねる物語です。少年は、この地を訪ねることを自分が立ち直るきっかけにするのは被災者に失礼だと考え、少しずつ前向きに生き始めます。これらの作品に触れ、礼儀の意味について活発な意見が出ることを期待します。

(廣畑 環)

『おさきに どうぞ』

豚の子が公園のブランコを取るために急ぐ前を、猫のおばあさんがゆっくり歩いていた。道は１人が通ればいっぱいの細い道。豚の子が近づくと、おばあさんは礼儀正しく「おさきにどうぞ」と道を譲ってくれた。思いやりのある優しい言葉を、今度は自分が友だちに使い、ブランコや水飲み場を譲ることで、「ありがとう」と、返ってくる。今までよりも仲良く友だちと関わり、遊ぶことができるようになる。

森山 京・作
ささめや ゆき・絵
文渓堂／低

❷ 絵本・読みもの・紙芝居ガイド

『世界のあいさつ』

「おはよう」から始まる挨拶は、相手を敬う礼儀として、人間関係をつくるうえでも大切にされてきた。しかし、挨拶の仕方は世界の地域さまざまで、日本では相手にお辞儀をすることが礼儀正しいとされるが、外国人からはとても変な動作にみえるらしい。逆に、挨拶のときに相手に頬ずりしたりハグしたり、失礼な行動に思えることが礼儀正しいとされる地域がある。挨拶を通して礼儀について考えさせられる１冊である。

長 新太 さく
野村雅一 監修
福音館書店／低

『せなかのともだち』

フンズワ森の崖の下の意地の悪いヒツジの上に怒りんぼうのハリネズミが丸まったまま落ちた。お互いが見えず喧嘩ばかりする。出会った動物たちに助けを求めるが、その横柄な態度のため逃げられてしまう。長い旅でお互いを思いやる気持ちになり、心から頭を下げると、みんな親切に優しくしてくれ２人の心も温かくなる。「こんなれいぎ正しい方たちならだいかんげい」と誘われ、２人はその森に住むことにした。

作・萩原弓佳
絵・洞野志保
ＰＨＰ研究所／低

『カルペパー一家のおはなし』

デビーのお父さんが紙を切り抜いて家とそこに住む家族を作った。家族はハンサムなお父さん、ちょっと太めのお母さん、男の子と女の子が４人ずつの10人でカルペパー一家と名づけられた。カルペパー家の人々は部屋の中でいろんな冒険をする。ねずみと出会って友だちになったり、蜘蛛の巣にからまり、その結果、蜘蛛と仲良しになったり。彼らはどんな相手にも常に丁寧に敬意を持って接していく。

マリオン・アピントン＝文
ルイス・スロボドキン＝絵
清水眞砂子＝訳
瑞雲舎／中

大塚篤子・作
タムラフキコ・絵
小峰書店/中

『ともだちは、サティー！』
　父親の氷河調査団についていった日本の少年トオル。行く先はネパールから国内便で30分。さらにマイクロバス、そのあと歩いて6日間という奥地の村。一行は大歓迎され到着早々牛乳を振る舞われたが、トオルは1口飲み、ぬるいのが嫌で残りを道端に捨てた。それを村の少年が目撃した。トオルの行為は村の人たちの好意に対して礼を失することだった。反目から始まった2人が親友になっていく物語である。

作・絵 小泉るみ子
新日本出版社/高

『出発　から草もようが行く』
　お国のために命を捧げると志願した少年は、終戦を迎え家に帰った。生き残ってしまったことを悔い、生きる気力をなくしていたとき、姉の縁談が決まった。唐草模様に包まれた嫁入り道具を嫁ぎ先まで届けるため、リヤカーを引きながら町を歩く。町の人々は「このご時勢に嫁入りとはめでたい」と、思いやりのある温かい言葉をかけてくれた。少年の閉ざされていた心が開かれ、生きる力を取り戻していく物語。

いとうみく・作
こがしわかおり・絵
文研出版/高

『チキン！』
　転校してきた少女は、隣に住む仲良しのおばあさんの孫。ぼくは友だちとの面倒な関わりをさけ、トラブルに巻き込まれないように生きてきた。ところが、少女は思ったことをはっきり主張するので、クラス内は事件で紛糾し、雰囲気が一変する。彼女の言うことは正しいが、正直うっとうしい。そして、ぼくを「チキン！（弱虫）」と呼ぶ。正直で一途に生きることの不自由さに揺れながらも互いに敬う少年少女を軽快に描く。

❷ 絵本・読みもの・紙芝居ガイド

『まっすぐな地平線』

　主人公の雄介のもとに、3年前に中国で知り合った明明(ミンミン)という女性からエアメールが届く。内容は日本に行くから空港に迎えに来てくれというものだった。迷った末に迎えに行く。彼女は雄介の家に着くと勝手に台所に入り、冷蔵庫の食材を使って料理を作り始め、雄介の母を怒らせる。日本の礼儀を理解しない明明の行動に戸惑い、翻弄される雄介だったが、中国人である彼女の相手を思う気持ちをしだいに理解していく。

森島いずみ
偕成社／高

『希望の地図　3・11から始まる物語』

　2011年3月11日から半年後、中学受験に失敗して不登校中の光司は、父の友人のルポライターに同行して震災後の状況を取材する旅に出た。絶望的な状況の下で前向きに生きる人々に出会って光司は気づいた。被災地を訪ねることを自分の立ち直りのきっかけにしようなんて被災者に対して失礼だ。せめて見た風景、出会った人たち、感じたこと、考えたこと、流した涙、すべてを胸の奥に刻んでいこうと思うに至る。

重松 清
幻冬舎／中学

『疾風の女子マネ！』

　咲良は高校に入学すると"いい男狙い"で運動部マネージャーを志望する。かっこいい男子を追った縁で、陸上部リレーチーム専任のマネージャーになる。選手の走り抜ける風に魅せられ気合が入るが、部員からは受け入れられない。悩みながら先輩マネージャーに助けられ、1人ひとりを大切に頑張る。心が通じ、奇跡と言われたインターハイ出場を前に、部員たちから「ありがとうございました」とお礼を言われた。

まはら三桃
小学館／中学

117

10 友情、信頼

今、子どもを取り巻く環境は厳しくなっています。とりわけ、いじめ、不登校などは深刻さを増しています。相手の気持ちを考えられず、嫌な思いをさせたり、いじめたりすることも起きています。また、悩みごとを相談できず、孤立する子どもも増えています。

しかし、本来どの子も心から安心でき、なんでも話し合える、そして、楽しくいっしょに行動できる友だちを求めています。そのなかで、友情を感じ、信頼を育むことができたら、子どもたちの生活は明るく生き生きとしてくるでしょう。

ここでは、友だちのイメージが広がる作品、お互いの思いを理解し、助け合ったりする大切さがわかる作品、心が通じ合ったときの喜びを知ることのできる作品、いじめのなかでの悩みや葛藤、そして勇気を通して友情や信頼を考えさせる作品を取り上げました。

これらの作品を読み、今までに思い描けなかった友だち像や友情、信頼にふれ、さらに、友だち関係を広く豊かにしていくことを願っています。　　（金指孝造）

谷川俊太郎・文
和田誠・絵
玉川大学出版部／低

『ともだち』

友だちって、どんな人のことをいうのだろうか。友だちならした方がよいこと、しない方がよいこと。さらに、会ったことのない友だちに思いをはせる大切さ等々がわかりやすい絵や写真とともに語られている。それらは、具体的で、友だちのイメージを広げてくれる。また、「ともだちって……」「ともだちなら……」と問いかけて絵や文にし、話し合わせたりすると、友だちへの認識が広く豊かになっていくだろう。

❷ 絵本・読みもの・紙芝居ガイド

『なんでももってる（？）男の子』

　大金持ちのナンデモモッテル家の息子フライは何でも持っている。誕生日に欲しいものさえ思いつかない。何をやってもつまらない。召使いから「自慢することは楽しい」と言われ、フツウ家の息子ビリーを連れてきてもらう。ビリーは何を見せても、うらやましがらないで楽しく遊ぶ。そのうち、フライは想像力あふれるビリーをうらやましくなっていく。そして、自分が持っていなかったものは「友だち」だと気づく。

イアン・ホワイブラウ 作
石垣賀子 訳
すぎはらともこ 絵
徳間書店／低

『あのときすきになったよ』

「わたし」の同級生のきくちまりかさんは、学校でおしっこをもらしてばかりいるので「しっこ」と呼ばれていた。わたしも心のなかでそう呼んでいた。いっしょに遊んだり、見舞いにきてもらったりするうちに、しっこさんのおもしろさや優しさに気づいた。わたしが、教室でおしっこをもらしたときに「しっこさん」は、かばってくれた。わたしは、まりかさんが好きになった。どんな人を友だちというのか考えさせてくれる。

黛くみこ・さく
飯野和好・え
教育画劇／中

『ふしぎなともだち』

　ゆうすけは、小学校で自閉症のやっくんを知る。中学生になり、ゆうすけはいじめられているやっくんを勇気を出して助けた。大人になった2人は働き始める。ゆうすけは、話すことが苦手なやっくんが辛い思いをしていることを知り、心を痛めた。ゆうすけが仕事で失敗し困っているとき、励ましてくれたのはやっくんだった。「ことばでははなしができないのに、心がわかりあえるふしぎなともだち」の意味を深めたい。

たじま ゆきひこ
くもん出版／中

119

文・パトリック・ジルソン
絵・クロード・K・デュボア
訳・野坂悦子
くもん出版／中

『レアの星　友だちの死』★

　レアとロビンは、いつもいっしょに学校へ通った。レアが小児がんで長く学校を休む。ロビンは、毎日病院にお見舞いに行き、本を読んであげたり、おしゃべりをしたりした。レアが亡くなった夜、以前2人で見上げていた青くて小さい星に「レアの星」と名付ける。レアは亡くなったが、ロビンは心のなかで友だちだと思い続ける。小児がんで亡くなっていく同世代がいることに思いをはせるよう書き下ろされた作品である。

マイケル・モーバーゴ　作
マイケル・フォアマン　画
佐藤見果夢　訳
評論社／高

『世界で一番の贈りもの』

　1941年クリスマスの日、戦っていたドイツ軍とイギリス軍が自発的に休戦し、いっしょにクリスマスを祝う。兵士たちは酒をくみかわし、食べ物を分け合い、故郷や家庭のことを語り合う。サッカーの試合もする。この話は実際に戦士が妻に宛てた最後の手紙をもとに書かれた。つかの間とはいえ、戦争という極限状態で兵士たちが、心温まるときをつくり出した事実を通して信頼、友情とは何かを考えたい。

エレナー・エスティス　作
石井桃子　訳
ルイス・スロボドキン　絵
岩波書店／高

『百まいのドレス』

　貧しい移民の女の子、ワンダ。いつも同じワンピースを着ている。その服装をあげつらって、からかうペギーを中心にした同級生の女子たちを描く物語。取り巻きのマデラインも、ためらいつつもいっしょにからかう。ワンダが、からかわれながらも仲間に入りたがっていたことを彼女の転校後に知る。ペギーとマデラインは深く反省する。今日のいじめ問題を考えるうえで、深い話し合いに誘う作品である。

❷ 絵本・読みもの・紙芝居ガイド

『冒険者たち　ガンバと十五ひきの仲間』

　ドブネズミのガンバは、シマネズミに、イタチのノロイ一族に襲われている仲間を助けてほしいと頼まれる。ガンバは、敢然と引き受ける。それは、平穏な日常から未知の世界に踏み出すことでもあった。仲間のネズミたちもいっしょに行動する。さらに、仲間を増やす。お互いに知恵を出し合い信頼し合いながらノロイ一族と戦う。そのなかで深い友情が育っていく。
（『グリックの冒険』『ガンバとカワウソの冒険』との３部作）

斎藤惇夫 作
藪内正幸 画
岩波書店／㊴

『しらんぷり』

　ヤラガセたちは、ドンチャンをいじめ続ける。ぼくはしらんぷり（傍観者）。ぼくもいじめられそうになる。ドンチャンは劇の会の舞台で、ヤラガセたちに対して実力行使にでるがいじめは止まらない。ドンチャンは転校してしまう。ぼくは、「しらんぷりはいけない」と、勇気を出して、みんなに訴える。いじめのなかで悩み揺れる子どもたち。いじめの「しらんぷり」に一石を投じる作品である。

梅田俊作／佳子 作・絵
ポプラ社／㊥

『一〇五度』

　中学３年の真はイスのデザイナーを、梨々はイス職人を目指す。２人は「全国学生チェアデザインコンテスト」に挑む。真が職人を低く見ていたことから衝突するが、お互いに相手のよさを認め合い、工夫しながらイス作りをしていく。「一〇五度」は座りやすいイスの理想とされる背もたれの角度。それは人がお互いに寄りかかり合うのにも理想の角度だと教えられる。真と梨々はさわやかな友情と信頼を育んでいく。

佐藤まどか
あすなろ書房／㊥

11 相互理解、寛容

　私たちはさまざまなちがいのなかで生きていますが「ちがい」そのものによいとか悪いということはありません。たとえば、人種、民族、国籍、宗教、性、職業、年齢などのちがいや障害の有無で優劣はありません。
　しかし、その「ちがい」を「差別」にしてしまうことがなかなか解消できない現実があります。いじめもその現れの1つです。近年では特定の民族を蔑視するヘイトスピーチがネットなどでも広がり、差別を固定化する方向も強まっています。今、ちがいを豊かさにしていくという観点はとても大切になっています。
　とはいえ、互いに理解することや寛容がどういうことかは簡単に伝えられるものではありません。ここにあげた本には、思うことを伝えられないもどかしさや、伝えるまでの葛藤やつらさ、理解されなくても自分の思いをつらぬく姿、また、相手を理解しようとする人々などが描かれています。それらは、相互理解や寛容の心がどのようにして培われていくかを示しています。そして、相手を理解したときに広がる世界があることを感じ取ることができるでしょう。
　　　　　　　　　　　　　　　　　　　（大谷清美）

ジョン・バーニンガム さく
みつよしなつや やく
ほるぷ出版／低

『ガンピーさんのふなあそび』

　ガンピーさんが、小舟に乗って出かけると、「連れてって」と子どもたちがやってきた。「いいとも、けんかをしなけりゃね」と乗せると、次から次へとやって来た動物たちも乗せてあげた。ところが小舟は転覆。みんなは岸まで泳ぎ着き、ガンピーさんの家でお茶を飲んだ。ガンピーさんは、「またいつか乗りにおいでよ」とみんなを送り出す。さわやかな絵も、ガンピーさんの誰でも受け入れる心の広さを表している。

❷ 絵本・読みもの・紙芝居ガイド

『ともだちのときちゃん』

　さつきは何でもよく知っていておしゃべりが大好きな2年生。話すのが苦手で何を考えているかわからないときちゃんを、もどかしく思うときもある。しかし、ときちゃんの「きのうの木と、きょうの木は同じに見えるけど、同じじゃないよ」ということばから、さつきの考えたことのない世界が見えていることに気がつく。そのときからさつきの視野は広がっていき、「ときちゃんとともだちで、よかったなあ」と思う。

作 岩瀬成子
絵 植田真
フレーベル館／低

『トムのほんとうのうち』

　8歳のトムは赤ちゃんのときもらわれてきた。両親はトムに「もらい子」だときちんと話してきたが、その両親に赤ちゃんが生まれることになり、トムは自分の居場所がなくなるような気持ちになる。そこで木の上に自分だけの家を作ることにし、両親はそれに協力してくれた。妹が生まれると、トムは木の家で過ごすことが多くなった。あるときトムが妹の命を救ったことをきっかけに、両親の変わらない深い愛情に気づく。

ジョーン・リンガード 作
こだまともこ 訳
田口智子 挿絵
徳間書店／中

『なんでも相談ひきうけます』

　小学3〜5年生の5人からなる「なんでも相談少年団」は、友だち同士の相談ごとがきっかけで生まれた。5年生の真由美が偶然知り合った女性オリザさんも相談にのっているが、最後は本人の力で解決するというのが約束ごとだ。少年団とオリザさんの存在をめぐりPTAで噂が流れるが、オリザさんは毅然と対処する。自主性を重んじながら相手の悩みを受け止め、ともに考えることで成長していく姿が描かれている。

及川和男 作
岡本 順 絵
岩崎書店／中

ニキ・コーンウェル 作
渋谷浩子 訳
中山成子 絵
文研出版／（中）

『君の話を聞かせてアーメル』

ルワンダからイギリスにきた難民の少年同士の話。転校生アーメルが、同級生クリストフを憎むのは、ルワンダの２つの種族間の内戦という悲しい歴史が原因だった。町で２人はけんかになり、けがを負ったアーメルは、病院で医師に自分のつらい体験を話す。その医師はクリストフの父親であった。アーメルは、クリストフも同じルワンダからの難民としてつらい思いをしていることを知り、自分のとるべき道を考える。

アレックス・ジーノ
島村浩子 訳
偕成社／（中）

『ジョージと秘密のメリッサ』

小学４年生のジョージは男の子として生まれたが内面は女の子。秘密で女の子になるときの名前がメリッサ。自分のことを母親に理解してもらいたくて学校の劇で女の子の役をやることを思い立つ。親友のケリーはジョージを理解し協力する。兄も理解を示す。母親は受け入れがたいが、徐々に受け止めていく。トランスジェンダーの誤解されがちなことも丁寧に描き、周りの理解が支えになることを伝えている。

マイン・ヴェンチューラ 文
ベディ・グオ 絵
中井はるの 訳
かもがわ出版／（高）

『難民になったねこ クンクーシュ』

この絵本はノンフィクション。戦禍のイラクから母と５人の子どもたちはトルコを経てギリシャさらにノルウェイへと逃げた。途中で大事な飼いねことはぐれてしまう。ねこは難民を助けるボランティアに見つけられ、フェイスブックで世界中へ発信される。奇跡的に飼い主と再会することができた。難民生活が少しでも幸せになるように支援する人々の活動が描かれている。難民問題を身近に感じさせる作品。

❷ 絵本・読みもの・紙芝居ガイド

『炎をきりさく風になって　ボストンマラソンをはじめて走った女性ランナー』

ボビーは幼いころから走ることが大好きだった。マラソンに出てみたいと思ったが、50年前は女性がマラソンには耐えられないと思われていた。大会に申込んでも許可されず、両親も反対した。しかし、ボビーは男装をして参加。途中で女性だとわかるが男性ランナーたちは応援した。ボビーは見事に走り切り、女子マラソンの道を拓いた。

作 フランシス・ポレッティ、クリスティーナ・イー
絵 スザンナ・チャップマン
訳 渋谷弘子
汐文社／⾼

『あん』

ハンセン病を題材に生きる意味を問う物語。どら焼き屋の千太郎は前科があり生きる気力を失いかけていた。そこへあん作りの上手な老女徳江がアルバイトとしてきた。あんのうまさで店は繁盛するが、徳江がハンセン病元患者だとの噂で客足が遠のき、徳江は店を去る。千太郎はハンセン病療養所に徳江を訪ね療養所のことを深く知る。偏見により隔離された歴史の事実とともに正しく理解することの大切さを学びたい。

ドリアン助川
ポプラ社／中学

『おいぼれミック』

ハーヴェイは15歳の少年。一家はインド出身のシク教徒でイギリスのレスターという町に引っ越してきた。そこは、いろいろな国からの移民が多い。隣人はミックというおじいさんで、この町に増え続ける移民を受け入れられないでいた。一家は、さまざまなできごとを通して、ミックに腹を立てながらも優しく包み込んでいく。ミックは、ハーヴェイのまっすぐな心にもふれ、生きる力を取り戻していく。

バリ・ライ
岡本さゆり 訳
あすなろ書房／中学

125

社会や人との関わりを広い視野から

C　主として集団や社会との関わりに関すること

田所恭介

子どもたちの目を世界や社会に開く

この領域では「16 よりよい学校生活」のように子どもたちにとって身近な問題から、「18 国際理解」など世界の課題までが提出されます。

世界の子どもたちの学ぶ姿を著した『まなぶ』や『すごいね！　みんなの通学路』、世界の様子を知るための『幸せとまずしさの教室』、世界の人々が働く様子を描いた『はたらく』や『図書館ラクダがやってくる』、紛争や難民問題を扱った『はるかな旅の向こうに』など、幅広い視点から取り上げたことがここでの 1 つの特徴になっています。子どもたちの目が世界や社会に開かれるよう、さまざまな角度から作品を検討しました。

当たり前と思うことに目を向けて

規範意識重視から〈きまりを守る〉ことが強調され、学校には細かな規則が掲げられています。子どもたちは、きまりについては、守るのが当然だという感覚で授業に臨みがちで、その授業の結論が透けて見えることもあります。

〈きまり・ルール〉は、その使われ方が問われます。『としょかんライオン』は、〈きまり・ルール〉が適用される状況によっては、柔軟な対応が求められる例として挙げられます。『わたしはわたし』は、〈規則〉によって過酷な運命を辿る家族を描いています。

〈規則や正義〉がどんな人にとっても公正・公平なものなのか、一部の人たちの都合や利益につながっていないか、〈規則や正義〉をみんなで問い直し、具体的な議論の材料となる本を提供することに努めました。

周りとのつながりを見つめる

「15 家族愛、家庭生活」の前書きで述べているように、家族のありようも変化し、家庭内ＤＶに苦しむ親子の姿は大きな社会問題になっています。『パパと怒り鬼』はその一例として描かれている作品です。また、学校生活でも、クラスメイトや教師との関係に苦しんでいる子どもたちが少なくありません。今は家庭や学校生活を超えて、周りとどのようにつながっていくかが問われている時代です。

現実の社会問題も取り上げて

平和問題や愛国心については、さまざまな見方・考え方があります。2016年の沖縄全戦没者追悼式で朗読された小学１年生の詩『へいわってすてきだね』は、素直な言葉で綴られ、大きな共感を呼びました。

誰もが戦のない平和な世界を望みながらも、現実の世界を見るとき、国際理解という枠だけでは収まらない問題があります。そこで内外の平和問題まで視野を広げ、多様な子どもたちの生き方や学びを著した本を選んでみました。

子どもたち１人ひとりは、さまざまな環境や人間関係のなかで生きています。学びの姿も国・地域によって異なります。何を大切なものととらえ、どう行動するかは、その環境や生活、人間関係の豊かさに深く関わってきます。

現代の課題に目を向けて

若者たちがさまざまな世界の問題や社会問題に目を向け、新聞などに投書するようになってきました。『ＡＷＡＹにうまれて』『ナビラとマララ』や『生きるぼくら』など社会的な問題に触れている本を新聞記事やニュースとともに取り上げて、議論を深めたいものです。

今、子どもたちはネットなどで拡散される情報に左右される危険にさらされています。新鮮な材料をもとに、現代的な課題について互いの意見を述べ合いながら、他者との出会いを教室空間につくりだし、協同して深い学びができる糧を提供しようと努めました。

12 規則の尊重

　法や規則は、国際的なものから学校生活など小さな集団のものまでさまざまあります。また、地域・民族・時代等によって変化するものもあります。『図書館に児童室ができた日』は、1つの図書館に子どもたちが自由に入れる「児童室」が作られ、それが徐々に他の図書館にも広がっていき、ルールとなった実例です。

　しかし、ときには規則が集団を偏った方向へ導いたり、個々の自由を奪うこともあります。『かさをささないシランさん』は慣習に従わなかったことが入獄につながり、『茶色の朝』は気づかないうちに身動きできない状況に陥ることもあると示唆する物語です。

　「規則の尊重」では〈規則を守る〉ことが前提となりがちです。守ることで社会や集団の秩序が維持できます。しかし提示された1つひとつの規則について、それが本当に必要であるか、何のための規則であるかを常に考える姿勢が大切ではないでしょうか。人が人として尊重されるためにあるのが規則です。多様な視点から「規則の尊重」について考えられるように以下の本を選びました。

（増田栄子）

ミシェル・ヌードセン　さく
ケビン・ホークス　え
福本友美子　やく
岩崎書店／低

『としょかんライオン』

　ライオンが図書館にやって来た。よくきまりを守り他の人たちもライオンの存在に慣れていく。ある日、図書館長がケガをしライオンは危機を伝えようと大声で吠えた。おかげで館長は無事だったが、「大声を出さない」というきまりに違反したライオンは、自ら図書館を去った。しかし、きまりは柔軟に適用するべきだという周囲の声でライオンは再び図書館に戻る。きまりの柔軟なあり方と寛容の精神をも問いかけている。

❷　絵本・読みもの・紙芝居ガイド

『ひとはみな、自由 世界人権宣言 地球上のすべてのひとのために』

　すべての人の基本的人権について初めて公に認めた「世界人権宣言」を子ども向けに著した絵本。訳者の優しい言葉と世界から集ったイラストレーターの個性的で楽しい絵が人権宣言をとても身近なものにしている。すべての人が自由に暮らせるよう願いを込め、アムネスティ・インターナショナルが子ども向けにしたこの絵本は、30カ国で同時に刊行された。

中川ひろたか 訳
主婦の友社／低

『子どものための コルチャック先生』★

　コルチャック先生はユダヤ人の小児科医・作家。ポーランドで孤児たちの教育に長年携わる。第2次大戦中、ユダヤ人への迫害の規則に従い、200人の子どもたちと貨物列車に乗り収容所で最期をとげた彼の生涯を、子ども向けにわかりやすく書いている。幼い頃からの写真、自分で描いた素敵な絵を添えた子どもたちへの愛情込めたメッセージカード、孤児院のアルバムなどが先生と子どもたちの様子を語っている。

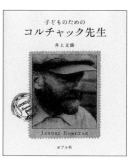

井上文勝
ポプラ社／中

『わたしも水着を着てみたい』

　ソマリアからスウェーデンに越してきた少女ファドマ。ここの学校ではプールの授業があり男子も女子も水着を着ていっしょに泳いでいるが、ソマリアでは女性は人前で肌を見せてはいけない。でも本当はファドマも水着を着てみたいのだ。先生の柔軟な対応と配慮によってファドマは女性だけの水泳教室に行けるようになった。時代の変化とともに権利の認識も変化してくる。きまりそのもののあり方を問う作品でもある。

オーサ・ストルク 作
ヒッテ・スペー 絵
きただい えりこ 訳
さ・え・ら書房／中

絵 いわさきちひろ
講談社／高

作 谷川俊太郎＋アムネスティ・インターナショナル
絵 いせひでこ
理論社／高

小口尚子・福岡鮎美
協力／アムネスティ・インターナショナル日本支部＋谷川俊太郎
小学館／高

『井上ひさしの 子どもにつたえる日本国憲法』

　平和への思いを込め、子どもたちに向けて語る。第2次大戦後のあのような苦しみを2度と味わいたくないという世界の人たちの思いや願いを集めたものが日本国憲法だ。前文と第9条にいわさきちひろの絵を添え、子どもたちに優しく問いかける。憲法は「国の生き方」であり、「国の在り方」を決めるのは国民だけ。

　世界に誇れる憲法だという詩のような優しい言葉は、きっと子どもたちの心に響いていくことだろう。

『かさをささないシランさん』★

　シランさんは雨が降っても傘をささない。雨に濡れるのが好きだから。そのシランさんが突然逮捕され牢獄につながれた。みんなと違うことをする、違うことを考えるからというだけの理由である。自由とは何だろう。シランさんのような無実の罪で投獄されている人たちに手紙を書き、支援する国際人権団体（アムネスティ）がある。この団体に所属する人たちが原案を出しあい、谷川俊太郎氏がまとめた絵本である。

『子どもによる子どものための「子どもの権利条約」』

　世界中の子どもが守られ幸せに生きるための「子どもの権利条約」。難しい条約文をわかりやすくとの翻訳・創作コンテストで、2人の女子中学生が最優秀賞をとった。「"まっすぐに生きるために"大人に対して、ぼくは言う」という文は子どもからの訴えとして心に響く。英語の正文、日本政府の訳文も添えられている。

　訳者の2人と谷川俊太郎氏の和やかな座談会と多数の自然や生き物の写真からもこの本の思いが伝わる。

❷　絵本・読みもの・紙芝居ガイド

『図書館に児童室ができた日　アン・キャロル・ムーアのものがたり』

19世紀末のアメリカ。女性が職業を持ち自立するのが困難だった時代、アン・キャロル・ムーアは図書館学を学び図書館員として働き始めた。子どもが自由に入れる図書館が少なかった時代に、アンは図書館の中に子どものための児童室をつくり、名実ともに子どもたちのものとするために、図書館のルールを決め、これをニューヨークの公立図書館全部に広げていったのだ。

ジャン・ピンボロー 文
デビー・アトウェル 絵
張替恵子 訳
徳間書店／高

『日本国憲法』

扉に〈愛と平和と自由のために〉とある。日本国憲法の全文を紹介し、その下段に語句解説がなされている。条文とともに宇宙から見た地球をはじめ日本各地の風景や人々の生活など29枚の写真が入っており、巻末には、英訳日本国憲法と大日本帝国憲法が添えてある。何枚かの写真を子どもたちと選び、それらの写真が憲法とどう関わっているか考え、写真にキャッチコピーをつける活動もできる。

小学館／高

『茶色の朝』

茶色の猫以外は処分しなくてはならない法律ができた。次は犬だった。私は猫を、友人は犬を安楽死させた。それでも日常生活は変わらず続いた。そのうち「茶色新聞」「茶色ラジオ」以外は禁止となり、さらに以前に茶色以外の猫や犬を飼っていた人にまで遡って逮捕され始めた。飼った時期はいつであれ違法だと。危機に気がついたときには遅かった。最初から変化を見過ごさず抵抗すべきだったと警鐘をならしている。

フランク　パヴロフ・物語
ヴィンセント　ギャロ・絵
高橋哲哉・メッセージ
藤本一勇・訳
大月書店／中学

13 公正、公平、社会正義

　誰もが差別や偏見を感じることなく、幸せに暮らせる社会が理想です。しかし、現実には生き辛さを感じながら生活している人が大勢います。また、不当に虐げられてきた人々の歴史もあります。

　一般的に社会正義というと人種差別という問題に偏りがちですが、ここでは視野を広げて、障害や外見、ジェンダーや原発といった現代のテーマにも目を向けて、本を選んでみました。

　『わたし いややねん』で障害者の気持ちに寄り添うことの大切さを知り、『てるちゃんのかお』『ワンダー』では、見た目にハンディのある人に対する態度や接し方を考える機会となるでしょう。

　ここに掲載した読みものを通して、子どもたちに伝えたいことは、誰もが同じひとりの人間であるということ、外見や風評ではなく、その人の存在そのもの――よさや個性が認められることが大切だということです。1つの見方ではなく多様な見方や考え方を引き出し、何が正義かを問い、世界や社会を公正・公平な目で見る力が、子どもたちのなかに育つことを期待しています。

（平嶋悦子）

『いちばんつよいのはオレだ』

　主人公のオオカミは、見た目で自分より強いか弱いかを判断し、小さくて弱そうな者には偉そうな態度を取る。そうすることで、自分が1番強いということを誇示するのだ。しかし、自分より大きく強そうな者には、臆病でひれ伏すような卑屈な態度を取り、従順なふりをする。

　公平であることの大切さを、低学年にわかりやすく問いかけ、伝えている絵本である。

マリオ・ラモ 作
原 光枝 訳
平凡社／低

❷　絵本・読みもの・紙芝居ガイド

『てるちゃんのかお』

　主人公のてるちゃんは2歳のときに病気になり、顔に赤いこぶができた。小学校に入学すると、みんなからバケモノだといじめを受ける。しかし、お母さんや新しい学校の先生、まわりの人たちのあたたかい声かけで、てるちゃんは元気を取り戻していく。

　自分を見る周りの人の目に悩み、ずっと問題に向き合ってきた著者の実話である。同著者の作品に高学年向きの『さわってごらん、ぼくの顔』(汐文社) がある。

文　藤井輝明
絵　亀澤裕也
金の星社／低

『おんなのこだから』

「女の子だから家のお手伝いをしなさい」と言われる。そして、女の子だから将来就くことができない職業、女の子だからできないスポーツがある。逆に「男の子だから泣いてはいけない」と、いつも強くいることを要求されることもある。

　男女が平等に扱われることや、性別より個人の特性を尊重することの大切さをわかりやすく親しみのある絵で伝えている。

レイフ・クリスチャンソン　文
にもんじ まさあき　訳
はた こうしろう　絵
岩崎書店／中

『発電所のねむるまち』

　ロンドン郊外の湿地に置かれた客車に住むペティグルー婦人。亡き夫との大切な思い出が詰まったその土地で動物たちと静かに暮らしていたが、その場所が原子力発電所の建設地となってしまう。住民全員で反対活動を始めたが、経済発展を優先した人たちが次々と活動から離れ、最終的に婦人はその土地から追い出されてしまう。そして、1人の生活を犠牲にして建設された大きな発電所は、数年後には廃墟と化すのだった。

マイケル・モーパーゴ　作
ピーター・ベイリー　絵
杉田七重　訳
あかね書房／中

133

ジュリアス・レスター 文
カレン・バーバー 絵
さくまゆみこ 訳
岩崎書店／中

『ぼくのものがたり あなたのものがたり 人種についてかんがえよう』

　人はみな自分だけの「ものがたり」を持っている。そして、そのなかには人種や肌の色も含まれていて、外見だけでその人が判断されてしまうことがある。皮膚の下はみんな同じで、皮膚は包み紙のようなものである。本当に大切な「ものがたり」は、人種や肌の色ではないということを、子どもたちにわかりやすく伝えている。

林 木林／作
庄野 ナホコ／絵
小さい書房／高

『二番目の悪者』

　金のライオンは、自分が国王になるために、優しくて強い銀のライオンの悪い噂をして歩いた。嘘だと知らない動物たちは、悪気はなくその噂を広めた。そして、金のライオンが国王になってわがままに振る舞い、やがて国は滅びてしまう。風評をうのみにせず、自分の目で確かめることの大切さを意図的に表している。「タイトルを自由に考える」というような活動が考えられる。

ニッキ・ジョヴァンニ 文
ブライアン・コリアー 絵
さくま ゆみこ 訳
光村教育図書／高

『ローザ』

　バスの席が肌の色で分けられていた 1960 年代のアメリカ。誰が座ってもいい席にいた黒人のローザは、白人の運転手から白人に席を譲るように言われた。勇気を出して拒否をしたことで、ローザは逮捕されてしまう。その事件が、キング牧師をリーダーとする公民権運動につながり、アメリカの歴史を変えるきっかけとなる。人間としての誇りと尊厳を大切にして、勇気をもって人種差別とたたかった黒人女性の話である。

❷　絵本・読みもの・紙芝居ガイド

『わたし いややねん』

　脳性まひのために車いすを使用する著者は、人の目が気になり外出することが好きではなかった。「私はめずらしいものじゃない。みんなと同じ1人の人間なんだ」という心の叫びがストレートに伝わってくる。その言葉の横に描かれている車いすの1枚1枚の絵が、とても迫力があり著者の心をまっすぐ表現している。長年彼女の車いすを押し、寄り添ってきた友人だからこそ描けた絵に注目したい。

吉村敬子・文
松下香住・絵
偕成社／高

『ワンダー』

　主人公のオーガストは何度も顔の手術を繰り返し、10歳で初めて学校に通うことになった。ふつうではない彼の顔を見ると、ほとんどの人が目をそらし、その度に彼は傷つくのだった。しかし、家族の愛と友だちとの交流が彼を強くしていき、彼の強さと賢明さが周囲の人間の優しさを引き出していく。主人公の心情だけでなく、他の登場人物の心情も取り上げて描いている。続編・『もうひとつのワンダー』。

R・J・パラシオ
訳＝中井はるの
ほるぷ出版／高

『わたしは、わたし』

　白人の警官が黒人の子どもを射殺し、それを目撃した黒人の警察官は、その証言に立つという行動を決意した。彼の家族は、証人保護プログラムによって身を守られることになったが、そのために住んでいた土地を離れるだけではなく、名前までも捨てることを余儀なくされ、別人としてその後を生きることになった。

　同著者の作品に『あなたはそっとやってくる』(あすなろ書房) がある。

作／ジャクリーン・ウッドソン
訳／さくま ゆみこ
鈴木出版／中学

14 勤労、公共の精神

　私たちは、働く権利を持っています。働くことは、自らと家族の暮らしを支えるとともに、社会を支え発展させることにも繋がっています。また、学校生活のさまざまな活動を通して、他の人のために働くことで、みんなが気持ちよく暮らすための公共の精神の大切さや自分を活かせる役割を学びます。

　『パパのしごとはわるものです』のように、親の働く姿から仕事と社会をみつめることができます。『いっぽんの鉛筆のむこうに』では、1つの物を作り上げるために、ちがう国の人々が働くことで、社会が形成され、公共の精神へと繋がっていくと理解できます。『イクバル』のように、世界的に問題となっている児童労働の実態にも触れてもらいたいと考えました。

　ここでは取り上げていませんが、植林・伐採の家業を見つめ、山の仕事に向き合う姉弟を描いた『林業少年』（堀米薫・新日本出版社）も取り上げたい作品です。この項目では自分を活かし、社会を支える仕事選びにつながる本を選んでみました。

（太田和順子）

板橋雅弘　作
吉田尚令　絵
岩崎書店／低

『パパのしごとはわるものです』

　いつもパパは、強くたくましい。ある日学校の宿題で、パパの後をつけて仕事を見に行った。パパは、プロレスラー。それも仮面をかぶった悪役レスラーだった。なんでパパが悪者なのだろう、家ではいつも正義の味方なのに。皆は、パパが負けたのに、笑顔で帰って行く。ぼくは、笑顔で帰るたくさんのお客の姿を宿題に書いた。悪役のパパの働く姿を見て、見方を変えていく少年を通して、働く意味を問う話題作。

❷　絵本・読みもの・紙芝居ガイド

『いっぽんの鉛筆のむこうに』

　私たちにとって身近な鉛筆。その鉛筆を作るためにスリランカでは鉛を、アメリカからは軸となる木を伐り、日本へ運ぶ。日本では、材料を使って鉛筆を製造し、各地へ輸送する。1つの物を作り上げるために、さまざまな国の人々が関わっている。仕事に向かう人々の姿や支える家族の生活を紹介し、物の向こうで働く作り手や運び手に焦点を当て描いている。同作者の『そのこ』(晶文社) も児童労働を扱う作品である。

谷川俊太郎　文
坂井信彦ほか　写真
堀内誠一　絵
福音館書店／中

『ただいまお仕事中　大きくなったらどんな仕事をしてみたい？』

　社会のなかには、いろいろな職業で働いている人々がいる。この本では、子どもたちがなりたいと憧れている仕事のなかから男女別人気のある10種類の職種、刑事、社長、救急隊員など実際に就いている人々に取材をしている。その職業に就く苦労や、就くに当たって必要な適正、どのように資格などを取れば就けるのかをわかりやすく紹介する。

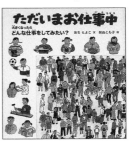

おち とよこ　文
秋山とも子　絵
福音館書店／中

『はたらく』

　雪深い山で生活のために水をくむ少年。生まれたばかりの子ヤギを抱きかかえて下山する少年。市場で働く少女など、世界には学校へ行かずに家族や仲間たちと助け合って働いている子どもたちがいる。幼い子どもたちも責任をもって一人前の仕事を果たす。その顔には自信と誇り、家族の役に立っているという笑顔、そして生きる力強さがあふれている。たくましく生きている子どもたちの写真から働く意義を学びたい。

長倉洋海
アリス館／中

ヘザー・ヘンソン・作
デイビッド・スモール・絵
藤原宏之・訳
さ・え・ら書房／中

『ぼくのブック・ウーマン』

　山峡の僕の家に、馬に乗った女性がやってきて、親切に本を貸してくれるという。毎日退屈していた僕は、初めて本を手にした。文字を読めなかった僕が、妹を通して本を読めるようになっていく。1900年代前半の米国西部で、図書館の普及のために、荒野を馬に乗って本を届ける女性図書館員（ブック・ウーマン）の活躍があったという歴史的事実に光を当てながら、本が届くのを楽しみに待つ少年を描いている。

キアーラ・ロッサーニ 文
ビンバ・ランドマン 絵
関口英子 訳
西村書店／高

『イクバル　命をかけて闘った少年の夢』

　イクバルは、1982年パキスタンのムリドゥケという町に生まれた。父は、彼が4歳のとき、わずか12ドルの借金のかたに絨毯工場に彼を売り渡す。1日12時間、絨毯を織る機械に鎖でつながれる生活を送る。児童労働をなくす活動家に救われ、幼くして働かされる子どものために世界中へ児童労働を告発した。教育の大切さを訴えたが、その彼を銃弾が襲った。幼い子どもに労働を強いる実態に迫る物語。

ルイーズ・ボーデン 文
エリック・ブレグバッド 絵
片岡しのぶ 訳
あすなろ書房／高

『海時計職人ジョン・ハリソン　船旅を変えた ひとりの男の物語』

　ジョン・ハリソンは時計職人。その技術をもとに、船旅のために正確な経度を刻む船時計を考案する。緯度は測れても、経度は測ることができなかった時代、開発には長年の根気強い努力と、自らの力を結集させて作り上げたものだ。人々に受け入れられるまで大変な苦労をしたが、彼の息子が航海で実証した。彼の発明が大航海時代を拓き、現代の航海でも使用されている。

❷　絵本・読みもの・紙芝居ガイド

『町工場のものづくり　生きて、働いて、考える』

　遠い宇宙まで行って帰ってきた「はやぶさ」、新型の新幹線、痛くない注射針、目の見えない人でも描けるペンなど、世界の人々が驚いているのは日本の技術。その技術を支えているのは、小さな町工場だ。町工場の技術が世界や宇宙を支えている。働く人々の〈ものづくり〉へのプライドやその生きる姿を旋盤工として働いてきた著者が、1つひとつ丁寧に紹介している。日本のすばらしい技術を紹介する。

小関　智弘
少年写真新聞社／高

『ルリユールおじさん』

　ずっと大切にしていた図鑑が壊れた。この図鑑を直せるルリユールのもとを訪ねる少女。ルリユールとは、製本職人のこと。その技術は、代々受け継いできたもの。仕事師のプライドを持って、時間をかけて丁寧に修理し製本する。今か今かと待っている少女の思いをやさしく受け止める物語。伊勢英子氏がパリで密着取材して描いた絵は、少女とルリユールを描き、ブルーを基調にした美しい作品となっている。

いせ　ひでこ・作
講談社／高

『生きるぼくら』

　両親の離婚で父が去り、少年はいじめでひきこもりとなった。そして母の失踪をきっかけに、父の実家を訪れ、父の死を知る。そこには認知症を患う祖母と父の再婚相手の娘がいた。3人の暮らしが始まる。祖母の農薬や機械を一切使わない昔ながらの米作りをたくさんの人に支えられながら受け継いでいく。

　米作りの苦労を続けるなかで、祖母の思いと食べ物のありがたさを感じ、自ら再生していく青年の物語。

原田マハ
徳間書店／中学

139

15 家族愛、家庭生活の充実

　家族の温かい結びつき、家族が紡ぐ何気ない日常のぬくもりは、いつでも自分が肯定される存在として迎えてくれます。そして、それらは子どもたちが生きていく大きな力にもなります。現実には、家族のかたちはさまざまで大家族、核家族、親が単身の家族、血縁ではない家族など、そのなかに子どもたちが生活しています。今はこれまでの家族観ではなく、家族の在り方そのものが問われる時代になっています。

　家族に関する本も多様です。絵本『だいじょうぶ だいじょうぶ』では、祖父と孫の温かくほのぼのとした関係が描かれ、『イソップ株式会社』は、亡き母を慕いながら新しい母を受け入れていく姉弟の様子が描かれています。『さよなら、スパイダーマン』は、思いがけないテロで家族を亡くしたことから生じた家庭崩壊を乗り越えて前へ進んでいく姿を描き、『パパと怒り鬼』は父親のDVに対して助けを求めていいんだよと教えてくれています。さまざまな本を通して、家族を取巻く状況や多様な家族の姿を知り、家族としてどう生きていくかを見つめ直す本選びをしました。

（福田孝子）

『だいじょうぶ だいじょうぶ』

　おじいちゃんとの関わりで、「ぼく」の世界は広がった。楽しいこと、怖いこと、困ったことに出会うと、おじいちゃんに「だいじょうぶだいじょうぶ」と励まされ、さまざまなことを学んだ。ぼくは大きくなり、今度は、年老いたおじいちゃんに「だいじょうぶだいじょうぶ」という番になった。家族の温かい関係があり、そのなかで育つことで立場が代わってもいつまでも家族が支え合う関係にあることを伝えている。

いとうひろし 作・絵
講談社／低

❷ 絵本・読みもの・紙芝居ガイド

『パパのところへ』

　海外で働く父。毎週日曜日の電話がとても楽しみな少女は、突然父の暮らす土地へ引っ越すことになった。父といっしょに暮らせるのはとても嬉しいけれど、知らない国に行くのはちょっと心配。友だちはできるだろうか。そのうえ、祖母と飼い犬は、今の家に留まり別々に暮らすことになる。引越しが決まって、変化する家族環境を受け入れようと、新しい家族のなかで揺れ動く少女の姿を丁寧に描いた物語絵本である。

ローレンス・シメル 文
アルバ・マリーナ・リベラ 絵
宇野和美　訳
岩波書店／低

『ぼくのおとうさんははげだぞ』

　「はげ」というとマイナスのイメージだが、おじいちゃんから受け継いだ遺伝は、はげだけでなくよいところもいっぱい受け継いだよ。はげてたっていいじゃないかと、優しさと笑いで吹き飛ばすお父さん。見た目の短所に揺れつつ、自分や家族を大切にし、前向きに生きる励ましのメッセージがつまっている。シリーズ本に「でぶ」「ちび」などの悪いイメージとなる言葉をもとに家族の温かい関係を伝えている作品がある。

そうま こうへい
架空社／低

『かあさんをまつふゆ』★

　戦争で男たちは出兵し、母は娘エイダを祖母に頼み、都会に出稼ぎに行く。母へ何度も手紙を書くが返事は来ない。家族がそろわない寂しい冬の日々を祖母や子猫に励まされてエイダは耐える。ひたすら待ち続ける孫の切ない気持ちを受け止め、2人の生活を支える祖母の気持ちも切々と伝わる。戦争や貧困で家族がいっしょに暮らせない悲しさとそれを乗り越える家族の絆が伝わってくる絵本で、絵も深く心を打つ作品である。

文 ジャクリーン・ウッドソン
絵　E．B．ルイス
訳　さくま ゆみこ
光村教育図書
中

作/グロー・ダーレ
絵/スヴァイン・ニーフース
共訳/大島かおり　青木順子
ひさかたチャイルド／中

『パパと怒り鬼　話してごらん、だれかに』
　パパはときどき発作がおこり、パパの中の鬼が姿を現し始めるのだ。「怒り鬼」と化したパパは、どんどん巨大な鬼になり、ぼくを守ろうとするママに襲いかかる。ぼくは息をひそめて壁越しにママの声を聞いている。ぼくは思い切って王さまに手紙を書いた。こうしたＤＶに苦しむ家庭もあることを取りあげた絵本。苦しいときには声を出して助けを求めていいんだと教えてくれる。巻末に救済機関の連絡先が記されている。

井上ひさし
絵・和田　誠
中央公論新社／高

『イソップ株式会社』
　やんちゃな弟と、7年前に亡くなった母の代わりに弟の面倒をみるしっかり者の姉。2人は夏休みに祖母の田舎で過ごすことになり、毎日海外にいる父から届く小さなお話を楽しみにしている。そのお話は、父の会社で働く弘子さんの手紙の中に入って送られてくる。姉は、父と弘子さんが親しくなっていくことに反対だったが、手紙を読むことによって父の再婚を受け入れていき、新しい家族の形が織り紡がれていく。

作・いとうみく
画・平澤朋子
毎日新聞出版／高

『唐木田さんち物語』
　唐木田さんちは5男3女の8人兄弟の10人家族。4男志朗は5年生。大家族は周りからは珍しがられるが、大家族は騒動の連続であり、志朗は上と下の兄弟にはさまれてなにかと大変である。ある日、父が知人の子翔太を連れてきていっしょに暮らすようになる。翔太には入院しているたった1人の家族の父親がいる。志朗は2人の子がいる男性と姉の結婚話や翔太との関わりから、家族とは何かを深く考えるようになる。

❷ 絵本・読みもの・紙芝居ガイド

『忘れないよ　リトル・ジョッシュ』

　働き者の農場主の父と厳格な母に愛情いっぱいに育てられた13歳のベッキー。初めてお産をさせた子羊にリトル・ジョッシュと名づけ、とても可愛がった。しかし、地域に口蹄疫が発生し、ベッキーの農場にも感染が広がり、大切な動物たちを殺さざるを得ない。父は悲しみのあまり心の病になるが、母娘が父を支えつらい経験を乗り越えていく。家族は絆を深め、新たな生活へと進む。

マイケル・モーパーゴ・作
渋谷弘子・訳
牧野鈴子・絵
文研出版／高

『さよなら、スパイダーマン』

　主人公は10歳の少年。双子の姉がいたが、5年前イスラム過激派のテロで1人が亡くなってしまった。悲しみから立ち直れない父は酒に溺れ、イスラム教徒の人すべてを憎む。母は家を出て、別の男性と暮らし始める。母の便りを待ち続ける少年をさりげない言葉と行動で支えるもう1人の姉。思いがけないできごとで崩壊する家庭と、そのなかで現実を受け入れ前向きに生きようとする姉弟と父親の再生を描いた物語。

アナベル・ピッチャー
中野怜奈 訳
偕成社／中学

『バッテリー』（全6巻）

　主人公の巧は、父の転勤に伴い、岡山で両親と身体の弱い弟、祖父と暮らすことになる。野球中心の生活のなかで、家族それぞれの想いが交差しながら、新たな暮らしを紡ぎだしていく。巧は、家族や野球仲間に支えられ、周りの人々と関わりながら成長していく。思春期の少年の"光と闇"を描く長編小説。

　本文から言葉を選んで、誰が、どんな想いで語っているかを考える活動もできる。DVDの活用も可能。

あさのあつこ
佐藤真紀子・絵
教育画劇／中学

16 よりよい学校生活、集団生活の充実

　誰もが充実した集団で、よりよい学校生活が送れることを望んでいます。そのなかで未来を考え将来の夢を育もうとするのではないでしょうか。しかし、人には個性があり、考え方や感じ方が違います。多くの人が集団生活を送るにはさまざまな問題が起きてきます。『がらくた学級の奇跡』には、先生が個性ある子どもたちを活かし絆を深める姿が語られています。

　子どもたちも家庭、家族、環境など1人ひとり背負っているものも複雑です。周囲との折り合いを考え生きる姿が描かれた『いい人ランキング』、『夜間中学へようこそ』、『フラダン』。いずれも学校にいる1人ひとりの個性がぶつかり成長し絆を深めていく物語です。

　学校には学ぶ楽しさや喜びもあります。子どもたちの知的好奇心を満たし将来の夢も開かれます。学ぶことを通して仲間の心が近づきつながることもできます。厳しい条件のなか、輝くほどの笑顔で学んでいる写真集『まなぶ』や『ぼくたちはなぜ学校へ行くのか』の子どもたち。私たちは子どもたち1人ひとりが、未来をみつめ羽ばたいていけるよう応援したい。

（増田栄子）

『あかい ほっぺた』

　誰も気がつかなかったトムの赤いほっぺた。わたしがそれを指摘すると、強いパウルを中心にみんなでトムをからかうようになる。やがて、わたしはやめてほしいと思うようになる。先生にからかいを問われ、わたしは勇気を出して、見たことを言う。みんなも続いてくれ、同じ気持ちだったことがわかる。トムと仲直りもできた。個性的な絵とわかりやすい言葉で、集団生活のなかでの子どもの様子がよく描かれている。

ヤン・デ・キンデル 作
野坂悦子 訳
光村教育図書／低

❷　絵本・読みもの・紙芝居ガイド

『教室はまちがうところだ』

　新学期の教室はみんな期待と不安が入り混じっている。「みんなでよい教室を作ろうやあ」という先生の呼びかけは、子どもたちを安心させる。周りの人とまちがうことをおそれずに、意見を言いながら、みんなで伸びていくことだろう。先生と子どもたちの絆を示す絵も、わかりやすく親しみがわく。みんなでどんなクラスにしたいのか、子どもたちが自由に話しあっていけるような雰囲気づくりができる本だ。

蒔田晋治・作
長谷川知子・絵
子どもの未来社／低

『がらくた学級の奇跡』

　転入した学校でもトルシャは特別な学級だった。でも担任のピーターソン先生は個性的な子どもたちを大切にし、それぞれが輝くよう導いてくれた。ある日、がらくた置き場の物から、新しいものを想像し創る課題が出る。トルシャの班が考えた模型飛行機はクラスの協力と保護者の応援で大空を飛んだ。トルシャは識字障害を抱え、絵本作家となった。先生との関わりの体験を描いた同作家の作品は112頁でも紹介している。

パトリシア・ポラッコ 作
入江真佐子 訳
小峰書店／中

『まなぶ』

　世界のさまざまな状況の下で学ぶ子どもたちを撮った写真絵本。険しい山道を歩いたり、舟をこいだりして学校に来る子どもたち。わらをしきつめた教室や高原での、にわか学びの場。しかし、どの子も学ぶ喜びで笑顔があふれる。「いままで知らなかった世界にふれ、未来に向かって大きく羽ばたくために、人は、まなんでいく」。世界の子どもたちを撮った、著者の3部作『いのる』『はたらく』にも目を向けたい。

長倉洋海
アリス館／中

吉野万理子
あすなろ書房／高

『いい人ランキング』

人を疑わず誰にでも優しい中2の桃。夏休み明け、クラスの「いい人ランキング」でダントツの1位になるが、それはいじめの第一歩だった。悩む桃は友人の圭機や妹からのアドバイスでいじめから脱出する。しかしクラスには新たないじめが生まれる。集団のなかで本音を隠し、周囲と合わせ生活する中学生の心の様子がリアルに描かれている。本書からいじめについてさまざまな意見を出し考えを深めるきっかけにしたい。

こんのひとみ・文
植田 真・絵
ポプラ社／高

『なんで学校に行きたくないんだろう？』★

1章は理由もわからず高校に行けなくなった少女の心のなかが語られている。2章は公立中学生7人が不登校やいじめについて本音で語る座談会が記録されており、3章はシンガーソングライターの作者からのメッセージ。学校、家族、親子、友だちなど身近なテーマで出前ライブを行う。〈人は優しい人ほど傷つきやすい。生きにくさに悩んでも周りの人々にはわかりにくい。そんな人へ目を向けて〉と作者は呼びかけている。

石井光太
ポプラ社／高

『ぼくたちはなぜ、学校に行くのか。 マララ・ユスフザイさんの国連演説から考える』

前半は、銃撃後もひるまず教育の大切さを訴えたマララさんの国連での演説を作者の言葉で紹介する。中東、アフリカ、南米の100近い国を訪れともに生活し、そこで生きる人々を見てきた作者。わかりやすい言葉で語りかける「なぜ学校で勉強しなければならないのか」という作者の問いを受け止めたい。学校は子どもたちの未来を担う大切な場であることを確かめ合いたい。

❷ 絵本・読みもの・紙芝居ガイド

『夜間中学へようこそ』

　優菜の中学入学と同時に、祖母が夜間中学に入学した。祖母は戦後の混乱と家庭の事情で学校にも行けず、読み書きもできなかったが、家族はそのことに気づかずにきた。祖母がケガをし付き添うことになった優菜も夜間学級を見る。4人だけの日本人中学生は、それぞれ事情を抱えている。昼間働いて学校に来る外国人。ともに学んでいくうちに支え合って歩んでいく。家族の心配を越えて、祖母は学校生活を楽しむ。

山本悦子
岩崎書店／高

『中学生の夢　47都道府県　47人の中学生の夢』

　47都道府県をまわり47人の中学生の「夢」をまとめたもの。夢を語る中学生の言葉は日本ドリームプロジェクトに送られた9000人以上の応募による。1人ひとりの飾らない明るい表情の写真と素直な言葉。背景の教室や部活動、校舎、いっしょに写る友人そして授業風景等。夢を語る中学生だけでなく支える家族の姿も見えてくる。夢を語りつつ、まだ悩み迷っている中学生。この本をきっかけに夢を語り合う機会にしたい。

編・日本ドリームプロジェクト
いろは出版／中学

『フラダン』

　主人公は福島の工業高校生。2年になり水泳部をやめるとフラダンス愛好会に強引に入れられる。会は「フラダン甲子園」目指し猛練習するが、次々に問題が起きてくる。部活、復興、原発、避難地域、仮設住宅、家族のこと。震災後、相手の事情に踏み込まない暗黙の了解ができていたが、それでは済まされない。それぞれの深刻な問題をぶつけ合い、共有することで互いを思いやり乗り越えた。絆を深め、未来への道を歩む。

古内一絵
小峰書店／中学

17 伝統や文化の尊重、国や郷土を愛する態度

伝統や文化の尊重、国や郷土を愛する心について考えるとき、一般的には日本に視点をおくことが多くなります。しかし、広く世界全体を見つめ、世界のなかの日本を考えるという視点に立ってこそ、日本の伝統や文化や郷土について深く理解できるのではないでしょうか。ここではそうした観点に立って、世界の多様な地域のことを描いた本も取り上げています。

『ワンガリ・マータイさんとケニアの木々』はケニアでの活動が世界中に知られ広まった郷土愛の例であり、『僕はマサイ』はアメリカとケニア、2つの異なる文化を大切にしながら生きる青年を描いています。

また、日本の「伝統行事」と呼ばれているものは、実際には明治時代以降に発生したものが多いので、明治以前から長く引き継がれてきた伝統や文化について触れている本も選びました。たとえばアイヌ民族を描いた『イオマンテ』や400年続く郷土工芸を築いた人々の物語『有松の庄九郎』です。伝統・文化・郷土愛とはどんなものを指し、何を物語るのか。それらについて多面的に捉えられる作品を選びました。

(廣畑　環)

『へいわってすてきだね』

「へいわってなにかな。ぼくかんがえたよ。おともだちとなかよし。かぞくがげんき。えがおであそぶ」

2016 年の沖縄全戦没者追悼式で、当時小学校 1 年生の安里有生くんが朗読した詩に、絵本作家の長谷川義史氏が絵をつけた絵本である。「ねこがわらう。おなかがいっぱい。やぎがのんびりあるいてる」と続く。子どもらしいすなおな言葉と、画家の力強い絵で、平和の尊さを伝えている。

詩 安里有生
画 長谷川義史
ブロンズ社／低

❷ 絵本・読みもの・紙芝居ガイド

『雨をよぶ龍　4年にいちどの雨ごいの行事』

　埼玉県鶴ケ島市脚折地区に4年に1回行われる「雨乞い」の行事がある。町の人たちみんなで、竹80本、麦わら570束を使って、手作業で長さ36メートル、重さ約3トンの巨大な「龍蛇」を作る。それを300人で担ぎ、白髭神社から2キロの道を練り歩き、雷電池へ運ぶ。最後は担ぎ手たちの手で「龍神」を解体する。日照りのとき、龍が雨を降らせてくれるという言い伝えとともに今も続く伝統行事を描いた絵本である。

秋山とも子
童心社／中

『イオマンテ　めぐるいのちの贈り物』

　少年は、父親が連れ帰った子熊といっしょに兄弟のように暮らした。そして1年後、大きくなった子熊をカミの国へ送る儀式が行われる。イオマンテとはカミからの賜り物である熊の魂を、再びカミの国へ送り返す熊送り儀式のことである。「送る」とは熊の命を奪うことであり、少年にとっては辛い別れだが、その辛さを通して少年は、命の重さ・尊さを知る。先住民族アイヌの命と魂──生きる姿を学びたい。

文　寮　美千子
画　小林敏也
ロクリン社／中

『ワンガリ・マータイさんとケニアの木々』

　ワンガリ・マータイさんは樹木伐採のために砂漠化していくケニアの大地に緑を取り戻そうと数本の苗木を植え始めた。それはやがてグリーンベルト運動となって世界中に広まった。輸出資源として伐採を続ける国の政策と対抗しながら、困難をのりこえ、夢を実現していく彼女の姿が描かれている。「もったいない」という日本語を世界共通語として広めたのも彼女だ。各ページ毎のタイトルを考える活動も楽しくできる。

ドナ・ジョー・ナポリ 作
カディール・ネルソン 絵
千葉茂樹 訳
すずき出版／中

149

中川なをみ 作
こしだミカ 絵
新日本出版社／高

『有松の庄九郎』

　愛知県の有松という小さい町に400年続いてきた「有松絞り」という工芸品がある。江戸時代初期、尾張藩の貧農の二男・三男たち若者がなんとか生き抜くために考え、試行錯誤の末ようやく作り上げた藍の絞り染めである。その美しさは、旅人から旅人へと伝わり全国に広まっていった。実在した人を主人公に、見事な技を編み出した若者たちのあきらめない底力や真剣さ、苦難と喜びを描いた歴史物語である。

3/11 Kids Photo Journal 編
講談社／高

『3/11 キッズ フォト ジャーナル　岩手、宮城、福島の小中学生33人が撮影した「希望」』

　東日本大震災から3ヶ月後、写真と文章でその後の様子を伝えようと、33人の小中学生による活動が始まった。仮設住宅で暮らす人たちの笑顔を撮ろうとする女子中学生、瓦礫となった教室を撮影する男子中学生、復興を象徴するお祭りを撮影して人や町が元気なところを世界に伝えたい小学生女子。彼らの前向きな眼差しは未来への希望となって世界に羽ばたく。

長倉洋海
福音館書店／高

『人間が好き　アマゾン先住民からの伝言』★

　近代の消費文化に押し流され、先住民の伝統文化を失いつつあるアマゾン。インディオの自立を目指すリーダーといっしょに、著者は村々を巡ってアマゾン・インディオの日常を撮り続けた。砂遊びや水遊びをする子どもたち、赤ん坊に乳を含ませる母親、狩りをする男性。収穫を祝って歌い踊る村の祭り、はじける子どもの笑顔、森と川と太陽の大地で、祖先を大切に自然と結びついて生きる、彼らの輝く姿を伝えている。

❷ 絵本・読みもの・紙芝居ガイド

『ぼくはマサイ ライオンの大地で育つ』

　家族のなかで１人だけ学校へ通ったケニアの遊牧民である主人公。成績が優秀であった彼は、のちに奨学金を得てアメリカに留学し、現在はヴァージニア州の学校で教師として暮らす一方、１年の半分を故郷ケニアでマサイ族の一員として暮らす。アメリカの近代的な知識と祖国マサイ族の伝統的な部族のしきたり、２つのまったく違う文化を同時に自分のなかに受け入れて柔軟に生きる彼のユニークな生き方を描いている。

ジョセフ・レマソライ・
レクトン 著
さくま ゆみこ 訳
さ・え・ら書房／高

『ＡＷＡＹに生まれて　在日のサッカー選手・朴康造(パクカンジョ)の挑戦!!』

　在日韓国人三世の朴康造の夢はプロのサッカー選手になること、そして韓国代表の一員として太極旗を胸に掲げてプレーすることだった。高校卒業後、日本のチームに入るが２年後、当初の目標のＫリーグへ挑戦した。入団できたものの、日本では"在日韓国人"であり、韓国では"半分日本人"と言われる。自分の母国はどこだろうと彼は自問する。

　母国とは何かと問いかけている。

著者 崔 仁和
集英社／中学

『木に学べ　法隆寺・薬師寺の美』

　宮大工の西岡常一さんの話を聞き書きとしてまとめた本である。木には樹齢と耐用年数があり、木が芽生えてから伐採されるまでが樹齢、伐採され建物となっての寿命が耐用年数である。法隆寺の檜は 1300 年で伐った木が、その後 1300 年生きている。木の本質を知り寿命をまっとうさせるのが大工の役目であると言う西岡さんの言葉をもとに、木の性質や飛鳥時代から引き継いできた技と伝統の意味を考えてもらいたい。

西岡常一
小学館／中学

151

18 国際理解、国際親善

　21世紀に生きる地球人として、誰もが〈平和・環境・人権〉は大切なことだと考える時代になりました。しかし、世界では絶え間なく紛争がくりかえされ、また差別や貧困に苦しむ人々が大勢います。〈大切なもの〉についても、政治的な立場や状況によって、主張が異なったり、見方・考え方も違ったりします。

　この「国際理解」の項目では戦争や紛争だけでなく、世界各地のくらしや世界で起きていることを取り上げ、ほんとうに人間が人間として大切にされる社会に向かっているのかを問い直す本を並べてみました。
　『せかいのひとびと』は人々のくらしの違いに目を向け、〈その違いを認め合う〉ことの大切さを伝えています。『はるかな旅の向こうに』は苛酷な状況のなかで幸せを求め、世界の片隅で必死に生きる子どもたちの姿を描いています。このように〈違いのなかに豊かさや輝きがある〉ことを発見する作品を選びました。世界の平和を求め、人々が互いに価値ある存在として生きていくための道をみんなで探り、多様な議論が生まれることを期待しています。
　　　　　　　　　　　　　　　　　　（田所恭介）

ピーター・スピアー　えとぶん
松川　真弓　やく
評論社／低

『せかいのひとびと』

　70億人1人ひとりの顔かたちの違いから始まって、衣装、その住まいなどさまざまな角度から〈違い〉を探っていく。そして、その多様な違いから異なる文化を持つ人びとの輝き、豊かさへと誘っている。違いの背景となるその地域の多様な文化、生活に関心を広げていきたい。類書に『世界あちこちゆかいな家めぐり』（福音館書店）のように、世界の住居に焦点をあてて異文化への関心を高めることができる作品もある。

❷ 絵本・読みもの・紙芝居ガイド

『すごいね！ みんなの通学路』

　子どもたちは、毎日学校へ通っている。世界には、通学方法はさまざまだが、学校がとても遠いところにある子どももいる。本書は、険しい山峡の急流や峠を越えて懸命に学校に通ういろいろな地域の通学風景を収めた写真絵本となっている。〈なぜ学校に通うのか〉という問いへの答えは、学校へ向かう子どもたちの表情から伝わってくる。世界の子どもたちの状況や学ぶ環境の違いに目を向けたい。

文 ローズマリー・マカーニ
訳 西田佳子
西村書店／㊥

『世界がもし100人の村だったら』

　本書は、世界中の多くの国で教材にされている。地球上の人々は、どんな状況の下で暮らしているのだろうか。〈100人の村〉に置き換えた数字を通して、世界の姿を探っていく。地球上の自分たちの置かれている環境やくらしをどう捉えるか子どもたちと話し合ってみたい。換算された数字の向こうに見える"違いや格差"について、同シリーズの「食べ物編」「子ども編」も活用して〈地球の姿〉をとらえていきたい。

池田香代子 再話
C．ダグラス・ラミス 対訳
マガジンハウス／㊥

『図書館ラクダがやってくる　子どもたちに本をとどける世界の活動』

　世界各地の図書館では、本に接することが困難な人へ本を届けるために多様な活動を展開している。人々は本が届くのを待ち望んでいる。交通の不便な川辺の村には船で、道もない地域へは人が背負って、ラクダやゾウなどの動物たちも本を運ぶ。「本は空気や水と同じくらい大切なもの」と語る移動図書館員の言葉が印象的だ。

マーグリート・ルアーズ＝著
斉藤規＝訳
さ・え・ら書房／㊥

153

パトリシア・ポラッコ
千葉茂樹 訳
あすなろ書房／⾼

『彼の手は語りつぐ』
　アメリカの南北戦争を背景に2人の青年の出会いを実話にもとづいて描いた物語である。青年たちは、奴隷制廃止を訴えるリンカーン大統領の北軍の兵士となって戦争に参加。文字を読める黒人青年と読めない白人青年が、負傷して知り合い、友情を育んでいく。敵軍に襲われ、2人は南軍の捕虜になって引き裂かれる。戦争後、故郷に帰った白人青年は娘に、娘は自分の子どもにこのことを語り継いでいく。

石井光太
少年写真新聞社／⾼

『幸せとまずしさの教室　世界の子どものくらしから』
　初めに「せかいのまずしい人のくらしを知るデータいろいろ」が掲載されている。前掲書『世界がもし100人の村だったら』で挙げられている数字を加味して、自分たちのくらしと比べ、くらしを見つめ直すなど世界に対するイメージを広げ、深める資料としたい。
　本書は、作者が訪れた国の住まい、学校と家庭、食と仕事などを紹介し、学校に通えず働かざるを得ない子どもたちの〈幸せとは何か〉を問いかけている。

宮田 律
講談社／⾼

『ナビラとマララ　「対テロ戦争」に巻き込まれた二人の少女』
　〈女性に教育を！〉と訴えるマララとナビラ。マララは2012年秋に武装勢力に襲われたが、暴力に屈せず活動を続け、ノーベル平和賞を受賞。一方、ナビラはほぼ同じ頃、祖母と兄で畑仕事の最中に武装勢力とみなされ、米軍からミサイル攻撃を受け祖母を亡くし自らも負傷。同じように教育の重要性を訴える活動を続けながらも、マララは注目され、ナビラは報道もされないまま。作者は、この処遇の違いを問うている。

❷　絵本・読みもの・紙芝居ガイド

『種をまく人』

　アメリカの貧民街のゴミ捨て場となった空き地に、1人のベトナム少女が1粒の種をまいた。それを見ていた、人種、年齢、境遇も違う人々も種をまき始め、空き地は人々をつなぐ緑の園と変わっていく姿をオムニバス形式で描く。〈種をまく〉という小さな行為を通して、誰からも忘れ去られた所が人々の温もりのあるコミュニティへと変わっていく。作者は、どんな世界でもつながりをつくることは可能だと訴えている。

ポール・フライシュマン
片岡しのぶ 訳
あすなろ書房／高

『はるかな旅の向こうに』

　この物語は、シリアの内線をくぐり抜け、生きていこうとする1人の少年と家族を描いている。町や村が破壊され、命の危険にさらされる人々は、恐怖に怯える日々を送っていた。主人公は、政府に期待する父との考えの違いに葛藤を抱えつつ、障害をもつ兄や母・姉たちで安全な地を求める。大勢の人たちとともに故郷を離れ難民となって国外へ逃れ、さらにヨーロッパをめざす。今日の難民問題を問いかけている。

エリザベス・レアード 著
石谷尚子 訳
評論社／中学

『報道カメラマンの課外授業　いっしょに考えよう、戦争のこと』(全4巻)

　沖縄生まれの著者は、フリー報道カメラマンとしてベトナム戦争など戦争と人間を撮り続けてきた。本書は、そうした写真をもとに6年間計10回に及ぶ中学校での平和学習をまとめたもの。

　第4巻では、戦争のなかで被害者となった子どもたちの姿を軸に「命どぅ宝」をうたい、平和の大切さを訴えている。巻末の中学生の感想や疑問、写真の活用を考えてみたい。

石川文洋・写真／文
協力・茅野市立北部中学校
童心社／中学

155

つながりを考えて読もう

D 主として生命や自然、崇高なものとの関わりに関すること

小山公一

D領域を考える

学習指導要領の道徳教育の内容項目のA領域は、自分自身に関することですが、D領域になると主として生命や自然、崇高なものとの関わりに関することとなっています。このことからD領域は、人として生きていくうえでの統括的な位置に置かれていると考えられます。D領域には、「19生命の尊さ」、「20自然愛護」、「21感動、畏敬の念」、「22よりよく生きる喜び」の4項目がありますが、子どもたちは今まで無意識のうちに家庭、学校、社会などでなんらかのかたちで触れていると思います。しかし、子どもたちを取り巻く環境は、1人ひとりが違いますので、関心度や考え方などに個人差があることを踏まえておかなければなりません。

本を読む

「19生命の尊さ」で選んだ『いのちはめぐる』は、食物連鎖での食べるものと食べられるものの関連を描いています。食物連鎖の意味を理解することは大切ですが、人も食物連鎖に関わっていることを知っておかなければなりません。子どもたちにも、食物連鎖は自分にもつながりがあるのだということを自覚してもらいたいものです。このことによって、自然への向き合い方も違ってくるのではないでしょうか。

「21感動、畏敬の念」で選んだ『森のおくから』は、自然が厳しい森で生きている動物たちとその森の近くに住んでいた人々との物語です。森が山火事になり、動物と人間が自分たちの身を守るために湖に集まり、いっしょに湖に浸かったという話です。動物と人間の

このような行動を、現在の子どもたちはどのように受けとめるのでしょうか。「自然は本当に厳しい」「今の時代には考えられないです」などという言葉が返ってくるかもしれません。あるいは何かを感じてはいても、どのような言葉で表現したらよいのかわからない子どももいるのではないでしょうか。このようなことが、100年ほど前のカナダの森の中であったということを知ることだけでも、自然のできごとに対する見方が変わるのではないでしょうか。

本を選ぶ

「21 感動、畏敬の念」「22 よりよく生きる喜び」などに関することを前面に打ち出した本は考えていたよりも比較的少なかったです。そのためにそれぞれの項目で子どもたちの関心を呼び起こすような本をより広く選びました。

「22 よりよく生きる喜び」で選んだ『ぼくらの山の学校』の主人公・壮太は、学校でも家でも居場所がなくなっていました。ある日、テレビで山村留学の特集を見て、自ら山村留学をするという決断をしました。自分からした決断とはいえ、何もかも不安だったことと思います。しかし、彼は何ごとにも前向きに取り組み、仲間との集団生活に馴染んでいき、1年を終える頃には、「ここがぼくたちの居場所だ」と言えるようになっていました。居場所がなくなったと感じていた彼が、このように述べることができるようになったのです。子どもたちの心には、どのように映るでしょうか。

「20 自然愛護」で選んだフォトポエム『おはつ』は、日々の生活のなかで時間に追われ、自然にあまり関心を持てない子どもたちにすすめてみたい、ということで選びました。写真を見るだけでなく、そこに添えてあることばを読むことにより、身近なところに自然を実感することができるのではと思いました。

　ここに選んだ40冊の本は、人として生きていくために考えてもらいたいことや気づいてもらいたいことなどが書かれている本です。大切なことは、これらの本をもとに議論しながら、子どもたちが新しい発見をしていき、自分の考えを深めていくことを期待しています。

19 生命の尊さ

　子どもたちが、「生命の尊さ」についてどこまで考えているのかを知ることは難しいことです。自分のいのちについて考えることはあっても、自分に影響がないと思うと何も考えない子もいるのではないかと思います。しかし、いのちを身近なものとして受けとめている子は、友だちのことや動植物のことまで考えることができます。

　いのちを大切にするということは、自分の存在を認めるとともに他者の存在を認めるということです。しかし、それだけではなく他にも考えておかなければならないことがあります。そこで、「生きものの歴史」、「人類の誕生」、「生きるとはどんなこと」、「いのちにどのように向き合うのか」、「いのちを実感するとは」などという観点から本を選びました。これらの本をもとにして、子どもたちが自分の考えを深めることができるように活用して欲しいと思います。地球上にはだれひとりとして同じ人間はいません。それぞれが与えられたいのちを持っていることを忘れずに、いのちについて考えることはとても大切なことです。　**（小山公一）**

日野原重明・文
村上康成・絵
講談社／低

『いのちのおはなし』

　日野原氏は、4年生の子どもたちに「いのちはどこにあるか」をたずねた。子どもたちの答えは、心臓、頭、体などとさまざまだった。日野原氏は、「これから生きていく時間がいのちだ」ということを伝え、それを聞いた子どもたちは、生きているうれしさを実感することができ、表情も輝いていった。私たちがいのちをどのようにとらえ、生きたらよいのかを教えてくれる本である。

❷ 絵本・読みもの・紙芝居ガイド

『いのちのまつり 「ヌチヌグスージ」』

　沖縄では、春になると親戚の人が、墓の前に集まり、ご先祖さまに「ありがとう」の気持ちを伝える先祖供養の行事がある。この「ありがとう」には、どんな気持ちが込められているのだろうか。

　この絵本には、たくさんの先祖の顔が描かれている場面がある。この絵から、自分が生まれるまでに多くの人のいのちを受け継いでいることがわかる。自分の存在を確認し、生きる意味を教えている絵本である。

作：草場一壽
絵：平安座資尚
サンマーク出版／低

『いのちは見えるよ』

　全盲のルミさんが、赤ちゃんにおっぱいをあげていたとき「見えるよ。いのちは見えるよ」と言った。いのちが見えないと思っているエリちゃんはその意味を考えていく。パパやママの体験を聞いたり、ルミさんの愛情の深さにふれたり、赤ちゃんの愛らしいしぐさを見ながら、いのちを感じていく。いのちとはなにかを考えさせられるだけでなく、いのちの愛おしさも感じられる作品である。

及川和男 作
長野ヒデ子 絵
岩崎書店／低

『いのちはめぐる』

　目に見えない小さな生き物から大きな生き物まで、食べ物としてつながりがある。大きくて強い生き物も死んでしまうと他の生き物に食べられてしまう。

　人間も他の動植物からいのちをもらって生きているのである。どのようにして地球上の生き物が生きているのかを知ることの大切さを訴えている。いのちの繋がりを知ることにより、生きるとはどんなことなのかを考えるきっかけにもなる。

文：嶋田泰子
絵：佐藤真紀子
童心社／低

159

キャスリーン ウェドナー
ゾイフェルド さく
ネイディーン バーナード
ウエストコット え
なかざわ ひろこ やく
福音館書店／中

『いきてるって どんなこと？』

　作者は、人間とねこ、人間と花、人間と鳥などの違いをあげている。そして、この後で、1つだけ人間と共通していることは、どんなことなのかを説明し、生きているものには、水、空気、食べ物などが必要だと述べている。しかし、生きているものでも最期には、動くこともできずに死ぬということを述べている。子ども向けの科学の本を多く書いている作者が、いのちとは何かをわかりやすく語っている。

森 絵都 作
吉田尚令 絵
岩崎書店／中

『希望の牧場』

　東日本大震災で原発事故が起こり、放射能が広がった。そのために原発施設から20キロ圏内は「立ち入り禁止区域」になった。そのうえ、牛の殺処分まで求められた。ひとりの牛飼いは殺処分を拒み、売れない牛の世話を続けた。応援する人も現れ、いつしか「希望の牧場」と呼ばれる。なにもかも失い、放射能だけが残る町で、牛の世話をし続ける決意をした牛飼いを私たちはどう考えたらよいのだろうか。

バージニア・リー・バートン文・絵
いしいももこ 訳
まなべまこと 監修
岩波書店／中

『せいめいのれきし　改訂版　地球上にせいめいがうまれたときからいままでのおはなし』

　表紙には「地球上にせいめいがうまれたときからいままでのおはなし」、人間が地球上に登場してくる場面には、「人間は、つい最近現れたに過ぎない」とある。とてつもなく長い時間のなかでの地球上の生命のつながりを教えてくれる作品。バートンは、この本を「劇場の舞台」に見立て、ページを追うごとに時代を進めていく。細部まで気を配って描かれている。

『ちっちゃいさん』

生まれたばかりの赤ちゃんでも、人の心を惹きつける不思議な力をもっている。この本を読むと、赤ちゃんの成長は、いのちそのものだということを教えてくれる。赤ちゃんの体のことやしぐさが文と絵で温かく表現されている。子どもたちは自分のことと重ねて読むことができるのではないだろうか。赤ちゃんの成長していく様子を読みとり、いのちの大切さを知ることができる本である。

イソール 作
宇野和美 訳
講談社／中

『青葉の笛』

一ノ谷の合戦で劣勢になった平家方の平敦盛は、海に浮かぶ船へ逃げようとしていたときに、源氏方の熊谷直実に呼び止められた。直実は、敦盛がわが子と同じぐらいの年であることがわかり、殺しあいをすることを躊躇した。また、敦盛は討たれる直前に大切にしていた「青葉の笛」を託したという話である。読む人の共感を呼び起こす内容にふさわしく、文と絵には品格が見られる。平家物語をもとに書かれた本である。

あまんきみこ・文
村上 豊・絵
監修 西本鶏介
ポプラ社／高

『いのち愛づる姫　ものみな一つの細胞から』

この本は、生きものの歴史が朗読ミュージカルの脚本という形式で書かれている。地球上に最初に現れた生きものは、単細胞の生きものであり、それが今の私たちへとつながっているということが理解できる。副題となっている「ものみな一つの細胞から」という言葉には、いのちの重さが感じられる。生物学者の中村桂子氏、童話作家の山崎陽子氏、画家の堀文子氏の3人がそれぞれの立場から描いた本である。

中村桂子 山崎陽子・作
堀 文子・画
藤原書店／中学

20 自然愛護

　道徳の時間には、「自然愛護のためにあなたにできることは何ですか」と問われることが多いようです。その答えを導き出すためにはまず、「私たちはなぜ自然を守らなくてはならないのか」「どうすることが自然を守ることになるのか」という2つのことを考えることが大切ではないでしょうか。

　古くから私たちは「自然」から生きるための糧を受け、その情景に豊かな心を育まれてきました。一方、自然の脅威にさらされることもあり、対策として自然に手を加えることもありました。さらに社会が進んだ今人間の都合が優先され、自然を破壊し再生不能にしかねない深刻な事態も起きつつあります。

　今必要なことは、まず、自然の摂理をもう1度振り返ることではないでしょうか。自然はどのようにして移り変わるのか、そのなかで生きものはどのようにかかわり合っているのか。それがわかったとき、自然の一部として地球上に存在する人間の「自然との向きあい方」も、「自然を守る意義」も見えてくるのではないでしょうか。

（大谷清美）

つちだよしはる
そうえん社／低

『おじいちゃんのカブづくり』

　ほのかのおじいちゃんは、近所のおばあちゃんから伝統の藤沢カブを焼畑で作ることを託された。畑にする山の斜面の木は切りだされ、幹は運ばれる。残った枝や葉は乾かされ焼かれて畑となる。灰の熱が種に芽を出させる。そのあとの収穫から種取りまで、手のかかるカブづくりをおじいちゃんはおもしろいという。巻末の焼畑についての解説とあわせて、自然をどのように利用し守っているのかを伝えている。

162

❷ 絵本・読みもの・紙芝居ガイド

『おはつ』

　自然界の写真に詩をそえたフォトポエム。作者は自然界のさまざまな誕生間もない動物や植物の愛おしい姿を「おはつ」と呼ぶ。そして、ホウレンソウの新芽、脱皮したばかりのセミ、日の出や夕日などに優しく呼びかける。自然界の生命の誕生に興味、関心をもつだけでなく、つい見過ごしてしまいそうな身のまわりの自然のできごとを新鮮なきもちで見つめ直すきっかけになる。

工藤直子
小学館／低

『山に木を植えました』

　漁師が山に木を植えた。なぜだろう。木がつけた葉や実が落ち次々と山の動物たちの命をつなげ、そのフンがまた木を育てる。落ち葉の作り出した栄養素は川によって運ばれ、流れ込んだ海の生物を育てる。気仙沼湾でカキの養殖をしている漁師たちが始めた植樹活動に基づき、その意義をわかりやすい文と絵により科学的に解き明かしている。「森は海の恋人」が合言葉のこの取り組みは全国に広がっている。

スギヤマカナヨ・作
畠山重篤・監修
講談社／低

『わたしたちのたねまき　たねをめぐる　いのちたちのおはなし』

　風や鳥、太陽、雨、川、動物、人間たちによる種の運ばれ方を描きながら、自然界のつながりや命の循環を伝えている。タイトルから誰がどのように種をまいているか想像したり、親子の種まきの絵からそのほかの種まきの方法を考えるなどして読み進めてもおもしろい。穏やかな色合いによる詳細な絵は美しく、種の流れてくる様子や動物の種をかじる音などを表す擬音語も楽しい。

キャスリン・O・ガルブレイス　作
ウェンディ・アンダスン・ハルペリン　絵
梨木香歩　訳
のら書店／低

163

リン・チェリー 作
みらい なな 訳
童話屋／中

『川はよみがえる　ナシア川の物語』★

　7000年余りも昔のアメリカ。1本の川のほとりに先住民が住み着いた。彼らは生きるために必要なものだけを自然からいただき、感謝して生きることを知っていた。しかし、1600年になって他国からやってきた人々により開発が進められ流域の様相は変わっていく。歴史をたどりながら、汚れていく1本の川の姿とその後の人々の努力により再生していく様子が詩的な文と一体になった絵によって表されている実話。

山極寿一　文
阿部知暁　絵
福音館書店／中

『ゴリラが胸をたたくわけ』

　自然の中での動物の暮らしはいろいろなことを教えてくれる。野生のゴリラの行動は、人間の祖先の暮らし方を想像させる。この本では、ゴリラの愛情表現であるドラミングを戦闘の合図ととらえたことがゴリラは凶暴だという誤解を生んだなど、ゴリラの行動の意味が解き明かされている。ゴリラ研究の第一人者である山極氏の文にゴリラの画家として知られる阿部氏の絵が加わってその生態が生き生きと伝わってくる。

写真・文　山本敏晴
小学館／中

『地球温暖化、しずみゆく楽園ツバル　あなたのたいせつなものはなんですか？』

　「あなたのたいせつなものはなんですか」との問いかけに、南太平洋に浮かぶ島ツバルの子どもたちが絵を描いて答える。その大切なもののつまった島々が、温暖化による海面上昇で沈みかけている現状がある。これは地球の未来を写している。
　巻末に「あなたのできること5つ」がまとめられている。

『糸に染まる季節』

新潟県十日町市に暮らす染色家の仕事を追った写真絵本。染色家岩田重信さんは、その土地で育った植物でその土地の色を出して糸を染める。毎年同じように染めていても同じものは2つとできない。写真家大西氏の写真と文から、その時々の季節の色が糸に染められていく様や日々の暮らしがそこにいて見ているように伝わってくる。「糸に染まる季節」とはどういうことか。書名の意味を考えながら読んでみるのもよい。

大西暢夫 写真・文
岩崎書店／高

『もったいないばあさんと考えよう 世界のこと 生きものがきえる』

ラッコやパンダなど親しまれている動物を含む絶滅寸前の生きもの10種をとりあげ、その生態や減少の理由を簡潔に説明している。後半は、人間の暮らしと生きものとの関係をとらえ、減少の原因と減ってしまうことの問題点がまとめられている。つながりあって生きる地球上の生きものにとり1つの生きものが消えることはどんな意味をもつのかを問いかける本である。

真珠まりこ
講談社／高

『森はだれがつくったのだろう？』★

訳者で生態学者の河合氏は「(森が) どのように変わっていくのかについてきまった自然の法則があります」と前書きで述べている。本文は開拓農夫の一家が去った畑が200年のあいだに森になっていく過程が静かな語り口の文章と、モノクロの細密画で描かれる。年ごとの動植物の絵を見比べて話し合うこともでき、「森に入って考えてほしいこと」には木のどこを見るとよいかなどが書かれ、森を身近に感じさせてくれる。

ウィリアム・ジャスパソン 文
チャック・エッカート 絵
河合雅雄 訳
童話屋／中学

21 感動、畏敬の念

　人の力の及ばない大自然の力、動物や人の生き方などに崇高なものを感じたときに「畏れ」「敬う」思いが生まれます。感動する体験の積み重ねは、まわりのできごとを敏感に感じとる心を育みます。かつて人は万物の営みに感動と畏敬の念を持ち賢く生きてきました。日々の生活のなかで、自然現象や芸術、人の行いなどに心を動かすことでより深く豊かな生き方を学んできました。

　今日、私たちの目先の欲望により地球上に多くの悪影響がもたらされています。感動・畏敬の念には人類が地球上によりよく存在し、賢く生きる哲学があるのではないかと考えました。それは大きな地球規模のできごとに心寄せることでもあり、日常の身近な小さなことを感じる心でもあります。

　ここにあげる作品は朝夕の自然現象であったり、人も及ばない大きな自然や生きものの姿であったり、個人の生き方であったりします。こうした作品と出会い、議論することで、豊かで理性的な心と目が育つことを願っています。

（石井啓子）

谷川俊太郎：文
吉村和敏：写真
アリス館／低

『あさの絵本』

「だれよりもはやく　めをさますのは　そら／おひさまのてがふれると　よるははずかしがって　あかくなる／ゆめのくにへ　かえっていく　ゆめのこどもたち」

　あさは地球の1日の始まり、地上のすべてのものが再生していく。その美しさ、厳かさを全身で感じながら文が作られ、写真が撮られている。これらを読むことにより、朝へのさまざまな思いがわいてくる。そして、明けゆく世界への希望と期待がわきたたせられる。

❷ 絵本・読みもの・紙芝居ガイド

『カランポーのオオカミ王』

　オオカミ王ロボとシートンについて描かれたノンフィクション絵本。1860年代アメリカ西部でオオカミは絶滅寸前だった。そのなかでロボは群れを率いて人々をおびやかしていた。ハンターとしてシートンが呼ばれる。ロボとの壮絶な知恵比べを展開し、とうとう捕らえる。ロボは最期まで野生の威厳を保ち死んでいく。それを見届けたシートンは、その後生き方を変えオオカミの保護と自然環境保護の活動を始める。

ウィリアム・グリル 作
千葉茂樹 訳
岩波書店／中

『北をめざして　動物たちの大旅行』

　冬の北極は日が出ず、極寒のなかホッキョクグマ、ホッキョクギツネなど数種の動物しかいない。しかし春になると北極は豊かな海となり生き物が一気に増える。陸から海から空から南極からも180種を超える数百万の動物たちが命がけで北を目指す。夏は1日中太陽が沈まず新しい命で溢れ、秋が訪れるとそれぞれ南へ向かう。毎年同じことが繰り返される。壮大なドキュメンタリー絵本。地球規模の生命の営みに驚く。

ニック ドーソン さく
パトリック ベンソン え
いだ てつじ やく
福音館書店／中

『クマと少年』

　アイヌでは動物の姿をした神から毛皮や肉を贈り物として受け魂を神の国へ送り帰す。イオマンテは子グマを大切に育て神の国に送る儀式。クマのキムルンは少年と兄弟のように育てられるがイオマンテが近づいた夜いなくなる。8年たち少年はクマが神の国に帰れずにいることを心配しクマ探しの旅に出る。クマも成長した少年の手で送られることを待っていた。動物神と考え感謝して命をいただく営みに深く感動する。

あべ弘士
ブロンズ新社／中

167

レベッカ・ボンド 作
もりうちすみこ 訳
ゴブリン書房／中

ヨーレン 詩
くどうなおこ 訳
ショーエンヘール 絵
偕成社／高

文／ポール・フライシュマン
絵／バグラム・イバトゥーリン
訳／島 式子　島 玲子
ＢＬ出版／高

『森のおくから　むかし、カナダであったほんとうのはなし』

100年ほど昔の話。アントニオは子どものころ森の中のホテルに住んでいた。周りの森は深く、ふだん、動物は人間の前に姿を見せない。あるとき、山火事が起こり人々は湖の中に身を沈め治まるのを待つしかなかった。すると動物も森から湖に来た。肉食動物も草食動物も息遣いや臭いが伝わるほどの近さで長い時間いっしょにいた。色彩をおさえ、丁寧に描き込まれた絵は動物も人間も隔たりを越えたこの情景をリアルに伝える。

『月夜の みみずく』

冬の夜更け、女の子はお父さんとみみずくを見に森へ出かける。この日をどんなに待っていただろう。みみずくに会うには、寒さに耐え、静かにしていなければならない。それでも会えないかもしれない。冬の夜、雪景色、森の静けさの描写に、すべてを自然にゆだねみみずくを待つ女の子の緊張が伝わってくる。威厳に満ちたみみずくの姿を描くこの絵本は父娘の絆の物語として「家族愛」を考えるのもよいだろう。

『マッチ箱日記』

ひ孫に語るお話。イタリアからアメリカにわたった彼はまだ読み書きができなかった。日記を書くかわりに、その日その日の思い出をマッチ箱に入れ大事にとっておくことにした。「空腹のときなめたオリーブの種」「折れた歯」「石炭のかけら」マッチ箱に入ったもの１つひとつが彼の生きた道筋を示す。言葉、貧困や差別のはかりしれない苦難のなかで思い出を大切に移民の時代を生き抜いた彼の人生の気高さが伝わる。

『森へ』

写真家である著者はアラスカに魅せられ自然と野生生物をテーマに撮影活動を続けた。原生林の織り成す偉大な営みを写真と文で綴る写真絵本。氷河期の後、気の遠くなるほどのときを経て森がつくられた。倒木は次の命を育て川は動物を養い、かつて人の住んでいた地は再び森が支配していた。見上げるような巨木や生い茂る樹林は人を拒んでいるようだ。全ページにわたる神秘に満ちた写真から圧倒的な自然の力を感じる。

星野道夫 文・写真
福音館書店／高

『子どもたちの遺言』

へその緒のついた赤ちゃんから20歳までのそのときどきを生きる子どもたちの写真と子どもの目線で綴られた詩で構成。「ぼくが幸せになるのを邪魔しないで」「だけど、自分の幸せだけでは世界はよくならない」「いやなことを一人でもいやといい、自分に揺らぎ、世界を嫌うこともある」。生きる価値のある世界であれと「遺言」する写真詩集。子どもたちが気に入った写真や詩を選び語り合う活動もできる。

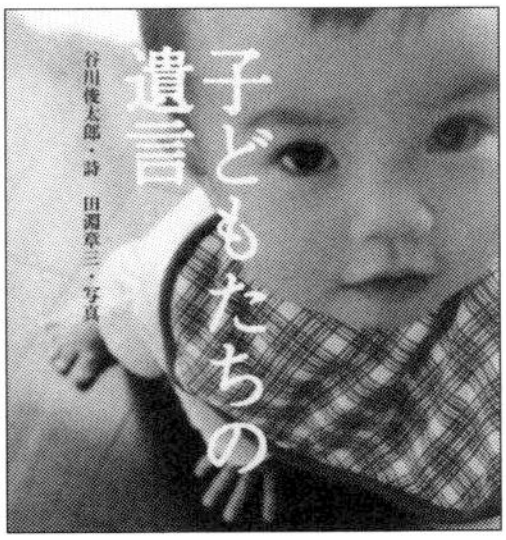

谷川俊太郎・詩
田淵章三・写真
佼成出版／中学

『鹿よ　おれの兄弟よ』

シベリアの大自然と狩猟民族を描いた美しい大型絵本。猟師はただ1人舟に乗り川をさかのぼる。鳥が飛び立ち魚がはねる。祖父母や両親と暮らしたころを思い出す。鹿が祖先を飢えから救ったことに感謝し、今、我が子に恵みを与えてくれるよう祈る。鹿を撃ち敬意を払い解体する。繊細で精密な大自然の景色と動植物の絵はじっくりと味わいたい。リズムある力強い語りは絵とともに深い感動を与えるだろう。

神沢利子 作
G・D・パヴリーシン 絵
福音館書店／中学

22 よりよく生きる喜び

「よりよく生きる」とは、自分の大事にしたいことを見つけて生きていくことです。その過程で出会ういろいろな人とのかかわりのなかで「生きるっていいな」「生きるって楽しいな」と生きる喜びを感じることができるでしょう。学習指導要領では、この徳目は高学年からの扱いになっていますが、「生きるっていいな」という気持ちは低学年から感じてほしいと願い、低中学年向きの本も選びました。

『じいじのさくら山』は、うれしいことがあるたびに山にさくらをこっそり植えたじいじの話。やがて、毎年さくら祭りが開かれるほどのさくら山になります。じいじはうれしいことを大事に生きてきたのです。『リディアのガーデニング』は、町のおじさんに預けられたリディアが、にこりともしないおじさんの笑顔を見たくて、屋上に内緒で花いっぱいのガーデンをつくる話です。これらの本を読んで、大事にしたいことは人によってそれぞれであるということを知り、自分の大事にしたいことは何かを考えるきっかけにしてほしいと願っています。

（栗原圭子）

松成真理子
白泉社／低

『じいじのさくら山』

じいじは、うれしいことがあるたびに山にさくらをこっそり植えた。やがて、さくらは空に届くほど大きくなった。そのさくら山に孫のちびすけを連れていき、木や花について知っていることを教えた。その冬、じいじは病気になった。ちびすけは、恢復を願いさくらの木に祈った。じいじは満開のさくらを見て亡くなった。今年も、見事なじいじのさくら山で祭りが始まる。じいじの生き方が孫の視点から書かれている。

170

❷ 絵本・読みもの・紙芝居ガイド

『マララのまほうのえんぴつ』

マララは子どもの頃「まほうの鉛筆があったらいいな」と思っていた。数年後、ひと握りの男たちの脅しで女の子が学べなくなったことから、自分の身の周りで起こっていることを発信し続けた。しかし、彼女は銃弾に倒れてしまう。このとき、世界中の人々から応援の声が届く。何度も手術をして恢復した彼女は、まほうの鉛筆は自分の言葉と行動のなかにあるのだと気づき、子どもたちのために声を上げ続けていく。

作 マララ・ユスフザイ
絵 キャラスクエット
訳 木坂涼
ポプラ社／低

『リディアのガーデニング』

1930年代のアメリカ。父親に仕事がなく、町のベーカリーをしているおじさんに預けられる。リディアは、気難しいおじさんの笑顔が見たくて、周りの人たちの協力を得て、屋上に内緒でガーデンをつくる。そのガーデンは、リディアが美しいものについて家族から教わったことを思い出してつくったものだった。リディアの家族への手紙で話が進み、ページいっぱいに広がる絵からもリディアの思いが伝わってくる。

文＝サラ・スチュワート
絵＝デビット・スモール
訳＝福本友美子
アスラン書房／低

『虔十公園林』

虔十は、飛ぶ鳥や葉がゆれて光るのを見て喜びを感じていた。その虔十が、父親に杉苗を700本買ってもらい、野原に植え育てた。そこは、子どもたちの遊び場になった。やがて、村は町になり虔十が亡くなっても家族によって守られた。20年ほどたち、そこは今も美しい公園として残っていた。おとなになった子どもたちは、虔十公園林として保存することにした。虔十が残したものは、何だったのかを考えてみたい。

宮沢賢治 作
伊藤亘 絵
偕成社／中

絵・加藤久仁生
文・平田研也
白泉社／中
©ROBOT

ジェン・ブライアント 文
ボリス・クリコフ 絵
日当陽子 訳
岩崎書店／中

ヴァレリー・ゼナッティ 作
ささめやゆき 絵
伏見 操 訳
文研出版／中

『つみきのいえ』

　1人のおじいさんが、海の上の家に住んでいる。この町では、海の水がだんだん上がってきてしまう。それで、住んでいる家が水に沈む前に、その上に新しい家を建ててきた。1番下は、おじいさんが結婚して最初に建てた家で、積み重ねてきた家の1軒1軒に家族の大切な思い出がある。おじいさんは、その思い出を大事にしながら、楽しみを見つけて今日も元気に生きていく。原作は優れた短編アニメーション。

『6この点　点字を発明したルイ・ブライユのおはなし』

　5歳の頃失明したブライユは、盲目でも読める本が欲しかった。当時は、もり上がった文字を指で読み取る簡単な内容の本しかなかった。その後、軍隊で点を使って指で読み取る暗号を知った。それはたくさんの点が必要だった。ブライユは何年もかかり、6この点を組み合わせてすべてのアルファベットを表せるようにした。ブライユの発明は、世界中に広まり盲目の人たちを喜ばせたのだった。

『バイバイ、わたしの9さい！』

　10歳なるって大事なときだと思っていたタマラは、新聞で「世界では、4秒にひとりが飢えで命を失っている」という記事を見つけた。どうにかしなくっちゃ。考えに考えて、フランスの大統領になることを思いつく。が、すぐにはなれない。そこで、フランスとアメリカの大統領、サッカー選手のジダンに手紙を書く。タマラの10歳をきっかけにした行動について、話し合ってみたい本である。

② 絵本・読みもの・紙芝居ガイド

『口で歩く』

　タチバナさんは、生まれたときから首から下が不自由で車輪の付きのベッドに寝たきりだ。出かけるときはこのベッドを使う。道で出会った人にたのんで、その人の行くところまで押してもらう。それをくり返す。文字通り口で歩くのだ。快く押してくれる人ばかりではないが、タチバナさんとの出会いに感謝する人もいる。積極的で楽天的なタチバナさんの生き方は、人々の支え合う輪を広く豊かにする。

丘　修三・作
立花尚之介・絵
小峰書店／高

『ぼくらの山の学校』

　小学4年の壮太は、ささいなことで学校でも家でも居場所をなくしていた。そんなときテレビで山村留学センターを知り、自分で行くことを決意する。壮太は親元を離れ、そこで個性的な小学生やおとなたち、豊かな自然に囲まれて過ごす。1年後、壮太はがんばってきた自分と、みんなでいっしょに居場所をつくってきたことに気づく。そして、来年また新しいメンバーと新たな居場所をつくろうと決める。

八束澄子
ＰＨＰ研究所／高

『16歳の語り部』

　16歳の語り部、雁部さんは「あの日、何が起こったのか理解できた最後の世代で、しかもその体験を言葉で伝えられる最後の世代です」と言う。小学5年で東日本大震災を体験した3人が、5年間心に封じ込めてきたあの日のことを自分自身の言葉で語り伝える。最終章で「あの日を語ることは未来を語ることなのだ」と案内役の佐藤さんは言う。3人の語り部から、語り伝えることの大切さを教えられる本である。

語り部　雁部那由多　津田穂乃果　相澤朱音
案内役　佐藤敏郎
ポプラ社／中学

教室で紙芝居を
道徳の授業に生かすアイディア

泉 宜宏

日本の伝統文化としての紙芝居

　みなさんは紙芝居をごらんになってきたでしょうか。幼い日に保育園や幼稚園で……、小学校時代に教室や図書館で……、なかには社会科や平和教育として紙芝居を観てきた人もいるかもしれません。そこに舞台が置かれ、ちいさな照明が添えられて拍子木が鳴る。拍手とともに幕紙が引かれて紙芝居が始まります。演じ手が何枚もの画面を引きぬきながら、物語を語っていきます。観客は画面を見つめ、語りに耳を傾けます。視覚も聴覚も働かせます。紙芝居の源流には絵巻物があり、お寺や神社で画面を前に語られた説話があります。広く「絵解き」と呼ばれてきたものです。祭礼の見世物として「のぞきからくり」や、寄席では影絵から写し絵（幻燈）や立絵（人形芝居）が演じられました。やがて、昭和の初期には「黄金バット」のような街頭紙芝居が始まります。紙芝居は宗教や幼児教育、そして、小学校や中学校での教育紙芝居とつながっていきます。視覚と聴覚に訴えること、肉声で語られていること、観客も反応することなど、それはコミュニケーションの機能としても優れたものです。現在では、デイケアセンターなどでお年寄りのために演じられることもあるのです。

❷　絵本・読みもの・紙芝居ガイド

仲間といっしょに〜ベトナムで、フランスで……

　絵本は基本的に読み手が、1枚1枚頁をめくりながら画面に見入っていくものです。読み手が絵本を開いて、子どもたちに語っていくとしても、細かく描かれた絵では、鑑賞する人数は限られています。紙芝居は演じるものであり、少し離れた位置からでも見ることができるように、絵の輪郭をはっきりとさせて単純に力強い線で描かれます。このように「遠目が効く」のです。教室の空間に適したものと言えます。教室で仲間といっしょに肩を並べて観ることができるものです。

　現在も新しい紙芝居が出版されています。地域の図書館に紙芝居のコーナーがあるところも増えてきています。さらに、1990年代にはベトナムに紙芝居が紹介され、その後フランスやベルギーから南米へと、紙芝居は広がっていきました。日本のオリジナル文化として「kamishibai」の名で親しまれています。素朴で力強いメディアとして注目されているのです。

　みなさんの学校の資料室など探してみると、木製の舞台が見つかるかもしれません。手ごろな値段で販売もされています。教室で紙芝居を演じてみませんか。そして、道徳の授業でも活用してみませんか。

紙芝居の舞台から1枚をぬきとり……

　道徳の授業のなかに紙芝居をとり入れることを考えてみました。ひと通りお話を聞いた後で、すっと取り出された1枚の絵について子どもたちは感想を述べ合うことができます。黒板に貼り出されたら、それが「場面絵」になります。かたわらに子どもたちの声を書き出すこともできます。物語をともに味わうこと、そして共有した場面を振り返りながら、それぞれが感想や意見を述べ合い交流していくことができます。そんな使い方もできるのではないでしょうか。ここには「道徳の内容項目」（徳目）に合わせて、いくつかの紙芝居を選んでみました。

紙芝居を楽しむ・うたがう・議論する

　紙芝居にはストーリーがあります。作者がプロット（筋）を構想して、それをいくつかの絵柄（場面）としてつないでいくのです。映画のシナリオとコンテ画の関係と同じです。アップやロング、俯瞰などの構図やモンタージュなど映画の技法がとり入れられています。画面のその並び方によって意味も変わってきます。前後の関係のなかで意味は決まってくるものです。

　かつて、勤倹貯蓄や生活改善、防空知識やスパイ防止、資源開発や日本の産業など、戦争遂行の国策に従って紙芝居が作られ、演じられた時代がありました。宣伝媒体として利用されたのです。

　紙芝居は場面のつながりが意味を持つストーリー（物語）である反面、演じ終わった後で、１つひとつの場面を静止して見ることが可能です。立ちどまって、１つの場面の意味を問い直すことができるのです。演じ手と観客とが協力するならば、仲間とともに物語の意味を分析し、読み換えることもできるものです。楽しむだけでなく、協同で「疑い・議論する」ことが可能な素材です。

平和と国際理解を

　この本では４つの領域に加えて「世界のお話」「平和」という２つのテーマについても、紙芝居をリストアップしました。戦後の70年あまりのあいだに、紙芝居の作り手たちは、子どもたちにとって興味深い世界の民話や昔話に取材し、ストーリーを練り上げ、絵を描いてきました。色彩や表現方法に風土や民族性が感じられるものになっています。『アリとバッタとカワセミ』のように脚本も絵も韓国の作家が作った紙芝居もあります。

　もう１つの柱は「平和」をテーマにした紙芝居です。『のばら』や『トビウオのぼうやはびょうきです』は、日本の児童文学のなかに平和への願いがとうとうと流れていることを教えてくれるものです。『嘉代子ざくら』や『原爆の子　さだ子の願い』『平和のちかい』（原作「原爆の子』より）」は、私たちの平和

運動や平和教育のなかから生まれてきた作品です。さらに2010年には『父のかお母のかお』のように、私たちにとって戦争はどんなものであったのか、平和とは何かを問いかける作品が今も作られているのです（※「付録② 平和」のページ参照）。

子どもたちと紙芝居をつくる

　1枚の絵を前に何かを語り出したとき……、それが紙芝居の始まりかもしれません。紙芝居の前身に「絵解き」があったように、子どもたちは絵を描きながら、「こんなことがあってね……」と語り出します。仲間の前で語り始めたら、ひとときみんなで聴き入ります。生活科で取り組んだアサガオの観察やおもちゃづくりを紙芝居で発表したグループもありました。4年生の「わたしたちの水道」の学習のまとめを紙芝居にした子どもたちもいました。段ボールで舞台を作ってあげたら、さらに発表に熱が入ったものでした。

　ある高校の紙芝居部の話です。大きな段ボールに絵を描いて、大型紙芝居を作って、夏休み中に地方公演をするのです。村の公民館を借りて、そこで自炊しながらの合宿です。学校や保育園をまわって公演をします。絵を描く人、紙芝居を動かす人、読んだり歌ったりする人、拍子木など鳴り物担当、そして食事の準備をする人、みんなで分担しての地方公演です。不登校しがちで3年間ずっと炊事係だった女子生徒が3年生になって、はじめて演じ手として声を出したときはみんなで大喜びをしたそうです。紙芝居を作り上演する活動のなかにさまざまな出番があり、それぞれの持ち味を生かしてかかわりあいながら、自分の可能性を確かめることができたのです。

　各教科や総合の学習活動に紙芝居づくりをとり入れてみませんか。仲間と話し合いながら場面構成を考え、ストーリーとして描いていく。語り手や効果音、ときには音楽などの役割を分担して演じていく。そこに、豊かな協同が生まれます。

A　主として自分自身に関すること　　　　　　菊池好江

脚本 渋谷 勲
画 藤田勝治
童心社／低

『たのきゅう』

旅役者のたのきゅうは、病気のおっかさんのもとへ行く途中、峠でうわばみに出会う。狸と勘違いされたたのきゅうは、こうりから衣装やかつらを取り出して変身し、うわばみをだまし、それだけでなく苦手なものも知る。そして、おっかさんや村人を苦しめていたうわばみを退治し、めでたしめでたし。

文・ときわ ひろみ
絵・藤本四郎
教育画劇／中

『あとかくしの雪』

宿を請うお坊さんを温かく迎えたおばあさんだが、貧しくて何ももてなすものがない。そこで、庄屋さんの畑から大根を抜いてしまう。そのとき、家から畑まで足跡がくっきりと残ってしまった。眠れぬ夜を過ごして朝になり、おばあさんが見たものは一面の雪。おばあさんの行為をめぐって、はたして……。

脚本 佐々木悦
画 箕田源二郎
童心社／中

『うまいものやま』

もさくは食べ物の好き嫌いを言っては、おっかどのを困らせてばかりいる。おやじどのは一計を案じ、もさくを「うまいもの山」に連れていくが、いくら歩きまわっても何もなく空腹を抱えて家に帰ると味噌汁のいい匂いがする。もさくはお代わりまでする。

脚本 松谷みよ子
画 まつやまふみお
童心社／中

『かさじぞう』

ばあ様が織った布を売りに、じい様は町へ行く。しかし、布は売れず、笠と取り替えて家路につく。途中、寒そうにたたずむ六地蔵様に胸が痛くなり、笠をかぶせる。温かみのある絵で、雪の描写は独特の味わいがあり、またシルエットの場面も印象的。

❷ 絵本・読みもの・紙芝居ガイド

『しあわせの王子』　　　　　　　原作 ワイルド

「幸せの王子」という美しい像の足元に1羽のつばめが止まる。王子は辛い境遇の町の人々へ自分の体の宝石や覆っている金をはがして届けてほしいと、つばめに頼む。やがて、王子は灰色になり、つばめも死んでしまう。王子とつばめの姿に胸を打たれる。美しい絵がドラマを盛り上げている。

脚本 三谷亮子
画 中村文子
童心社／中

『モチモチの木』　　　　　　　　原作 斎藤隆介

弱虫の豆太は腹痛のじさまのために医者様を呼びに飛び出していく。モチモチの木に灯がともる場面は感動的だ。絵本でよく知られ、教科書にも載っているお話。しかし、絵本の文章そのままではなく、紙芝居として脚色され、構図に大胆な変化のある絵とともにドラマチックな展開になっている。

脚本・画／諸橋精光
すずき出版／中

『貝の火』　　　　　　　　　　　原作 宮沢賢治

子うさぎのホモイは、ひばりの子を助けたほうびに鳥の王様から貝の火という玉をもらう。ところが、ずる賢い狐にそそのかされるうちにホモイの心は変わっていき、貝の火はとうとう砕け散ってしまう。貝の火は心のありようを写すものだったからだ。

脚本 川崎大治
画 久保雅勇
童心社／高

『グスコーブドリの伝記』　　　　原作 宮沢賢治

冷害によるききんで、ブドリは両親を失い、妹とも離ればなれになる。やがて、クーボ博士との出会いがブドリの生き方を大きく変える。火山局で働き、ブドリは27歳に。そして、人々を苦しめる冷害を解消するため、火山島に1人残り、爆発させるのだ。

脚本 堀尾青史
画 滝平二郎
童心社／高

B 主として人との関わりに関すること

脚本・絵 福田岩緒
童心社／低

『おかあさんまだかな』

　子りすのコリは、お母さんが出かけたので1人でお留守番。次々にたぬき、きつね、うさぎ、熊が現れるが、みんなコリをやさしく見守ってくれていた。やっと帰ってきたお母さんと夕食をとりながら、コリは何度もお母さんの体に触れずにはいられない。母親を待つ子どもの気持ちがていねいに描かれている。

上地ちづ子・脚本
長野ヒデ子・絵
汐文社／低

『がんばれ！ 勇くん』　　　　　　　　長沢秀比古・原作

　2年3組に転校してきた勇君は、筋肉の病気で歩くことが困難だ。担任の先生、同じ班の和ちゃん、秀君、利恵ちゃんはじめクラスのみんなが勇君の応援団だ。憲法の基本的人権をテーマにした作品で、登場する子どもたちの姿を通してわかりやすく伝えている。サイズが少し大きいので、それに合う舞台が必要。

西村彼呂子・作
アリマ・ジュンコ・画
教育画劇／低

『シュークリームのおきゃくさま』

　ケーキ屋さんがお店を閉めようとすると、女の子がシュークリームを買いに飛び込んでくる。いつも2つ買うことが続いたある日、女の子の代わりに男の子が来る。ケーキ屋さんと2匹の子狐たちのふれあいを描いていて、心が温かくなる作品。

脚本 水谷章三
絵 梅田俊作
童心社／低

『ふうたのはなまつり』　　　　　　　　原作 あまんきみこ

　子ぎつねのふうたがレンゲ畑へ行くと、人間の子どもたちが遊んでいて、その様子を1人の女の子がそっと見ていた。ある日、女の子が花冠を作れずに泣いているのを見て、ふうたは自分の花冠をあげるのだが……。明るい絵とともに原作の味わいが感じられる。

❷ 絵本・読みもの・紙芝居ガイド

『すてきな おにいさん』

　たつや君がお母さんと、おばあちゃんの家に向かう途中、踏切で車椅子のおじさんが困っていることに気づく。どうしようと迷っていたそのとき、1人のお兄さんが車椅子を押していってくれた。実際のルールにのっとり、車椅子を押す場面では「押します」と、ひとことセリフを入れて演じていただきたい。

脚本 古山広子
絵 藤本四郎
童心社／中

『花かごわっしょい』

　縫い物の上手なおばあさんは、動物のお母さんたちから子どもたちの着物を頼まれる。満月の夜、着物を着た子どもたちがおばあさんをお祭りに誘うのだが、おばあさんは足が弱くて山へ行けない。すると、きつねとたぬきのお父さんがやってきて、花かごにおばあさんを乗せて、お山へ連れていってくれるのだ。

脚本 藤田富美恵
絵 鈴木幸枝
童心社／中

『おさんだぬきとかりゅうど』

　おさんだぬきと鉄砲うちのごんぞうは、宿敵とも言うべき間柄。いつしか月日が流れ、2人も年をとる。ばあ様に先立たれたごんぞうは1人寂しく寝込んでいる。そこで、おさんは、ばあ様に化けてごんぞうの体を温めてやる。笑いつつ、思わずホロリとさせられる。

脚本 秋元美奈子
画 水野二郎
童心社／高

『よさくどんのおよめさん』

　昔話では助けられた動物は美しい人間の姿になってお嫁さんになる。ところが、ここでは、たぬきはたぬきのままで嫁こになる。そして、人間に化けたたぬきの嫁この具合が悪くなったとき、よさくどんは流れ星に願いをさけぶのだが、結末の意外性に驚かされる。

脚本 秋元美奈子
画 水野二郎
童心社／高

C　主として集団や社会との関わりに関すること

文　長崎源之助
画　若菜　珪
教育画劇／低

『さるかにがっせん』
　さるとかにが、柿の種と握り飯を取り替えた。やがて、かにが育てた柿の木にたくさん実がなる。すると、猿はさっそく木に登り、赤い実を食べ、かににには青い実を投げつける。それが当たってかには死に、生まれた子がにたちは栗、蜂、臼、牛のふん、針といった仲間とともに猿の家へ敵討ちに行くのだ。

脚本　松谷みよ子
画　二俣英五郎
童心社／低

『たべられたやまんば』
　小僧はやさしいおばあさんに誘われて、家に遊びに行くが、その正体はやまんばだった。小僧は和尚さんにもらった3枚のお札の力を使って、やっとお寺に逃げ帰る。和尚さんは追ってきたやまんばをもてなすふりをして、豆に化けさせ、ぱくり。動きのある絵とともに生き生きとしたドラマが展開する。

脚本　ねじめ正一
絵　長谷川知子
童心社／低

『どきどきうんどうかい』
　今日は、運動会。ぼくよりお父さんのほうがはりきっている。かけっこでぼくはころんでしまう。すると、誰かが走ってくる。お父さんだ。お父さんはぼくを抱きかかえてゴールへ。躍動感のある絵とテンポのいい脚本で、運動会のドキドキする気持ちが伝わる。

脚本・画　渡辺享子
童心社／低

『ねこのおかあさん』
　住んでいるビルが火事になり、子ねこを次々に外へ助け出し、最後の子ねこを探しに炎の中へ飛び込んでいくお母さんねこ。背景の赤、お母さんの黒ねこが白い子ねこをくわえて戻ってくる場面は感動的だ。1996年3月、ニューヨークであった実話。

❷ 絵本・読みもの・紙芝居ガイド

『子そだてゆうれい』

毎晩、若い女があめを買いにくるので、不思議に思ったとうべえが女の後をつけると、女はなんと山寺の墓場へ行き、姿を消す。すると、墓の下から赤ちゃんの泣き声が聞こえてくる。アップの場面など効果的に描かれる絵がドラマを盛り上げている。わが子を育てようと必死な母の想いが伝わってくる作品。

脚本 桜井信夫
画 須々木 博
童心社／中

『ぞろぞろ』

江戸は浅草、老夫婦が営む小さな茶店はさびれている。おじいさんが落ちていたお稲荷さんののぼりを届けると、その御利益か、客が入り、おまけに売れ残っていたわらじも売れる。そればかりか、後から後からわらじがぶら下がるので茶店は大繁盛。最後の場面はたっぷり間をとって演じたい。落語紙芝居。

三遊亭 圓窓・脚本
渡辺 享子・画
汐文社／中

『とんだちょうじゃどん』

欲深い長者は、日のあるうちに山のワラビもすべて採るよう村人たちに命じる。日が沈みかけてきて、あわてた長者は扇であおいでお日様を真上に戻してしまう。ところが、傲慢な長者をこらしめるかのように、ワラビも倉も屋敷も、そして長者も飛んでいく。

脚本 堀尾青史
画 二俣英五郎
童心社／中

『うばすて山』

「60歳になったら年寄りは山に捨てろ」とお触れが出る。しかし、やさしい息子は母親を床下に隠して暮らし続ける。一方、お城では隣国からの難題に困っていたが、息子が母親の知恵を借りてすべて解いてしまう。そこで、殿様はお触れを取り消すのだ。

脚本 岩崎京子
絵 長野ヒデ子
童心社／高

D 主として生命や自然、崇高なものとの関わりに関すること

脚本 わしおとしこ
画 田畑精一
童心社／低

『くちのあかないカバ ヒポポくん』

　ゆきちゃんが動物園に行くと、大好きなカバがいない。なんとカバは口が開かない病気で、獣医さんも困っているという。ゆきちゃんは歯ブラシで鼻の穴をくすぐってみてはと手紙を出し、その通りにすると大成功。あごに食い込んでいた牙も切ってもらい、カバは元気になる。作者のカバ愛に満ちた作品。

脚本 高家博成
画 仲川道子
童心社／低

『だんごむしのころちゃん』

　ころちゃんは独り立ちのときを迎え、危険な目にあったら丸くなるのだと、お母さんに教えられ、元気に出かけていく。やがて、ありやかまきり、みみずに出会っては驚いたり、丸くなったりする。もぐらにも食べられそうになるが、せみの子どもに助けられる。半分ずつの脱皮など、だんごむしの生態が興味深い。

脚本 島本一男
画 若山憲
童心社／低

『どんぐりのあかちゃん』

　北風が吹いて、スダジイ坊やは飛び出していく。水たまりに落ちて、おなかからぞうむしの幼虫が出てくる。かけすや野ねずみに食べられそうになるが、やがて落ち葉のベッドで眠りにつく。淡い色、同系色ながらスダジイ坊やがわかる遠目が効く絵も魅力的だ。

脚本 松谷みよ子
画 二俣英五郎
童心社／中

『うみにしずんだおに』

　嵐から港と村人を守るために、おには大きな岩を2つ鉄棒に刺し、それをかついで荒れくるう海の中へと向かっていく。四国の久礼港に実際にあるふたな島にまつわる昔話。迫力のある絵とともに、親おにと子おにの切ないほどの情愛に胸を打たれる。

❷ 絵本・読みもの・紙芝居ガイド

『おかあさんのはなし』　　　　　　原作 アンデルセン

　病気の坊やを死神に奪われたお母さんは、冷たい冬の風の中を走り、湖で両眼を失い、美しい髪を白髪と取り替えながらも死神と対峙する。そして、坊やを取り戻すのだ。原作では、坊やは天国へ召されるが、その結末をあえて変え、坊やの未来を信じ、生きていくことのすばらしさ、母の強い愛を描いている。

脚本 稲庭桂子
画 岩崎ちひろ
童心社／高

『くじらのしま』　　　　　　　　　原作 新美南吉

　かつてはくじらを捕って生活していた小さな島。こう吉の父とう吉はくじら捕りの名人だった。ある日、くじらの親子が現れ、人々は舟を出し、とう吉ももりを打つのだが、くじらにはね飛ばされて海の中へ姿を消してしまう。原作は「島」という短い詩だが、力強い版画とともに感動的なドラマに作り上げられている。

脚本 堀尾青史
画 穂積 肇
童心社／高

『なめとこ山のくま』　　　　　　　原作 宮沢賢治

　小十郎は、なめとこ山のくまたちを獲って生活をしていた。けれどもくまたちは小十郎が好きだったし、小十郎もくまが憎いわけではなく、むしろ辛く切ない思いで獲っていた。やがて、小十郎は熊によって命を落とす。前後編各16枚。深く、見応えのある絵もいい。

脚本・画 諸橋精光
童心社／高

『ねこはしる』

　気の弱い黒ねこランは、ある日小さな魚と出会い、やがて親友になる。母ねこが魚獲り競争を決めたことで、ランは魚と思い悩む日々を過ごす。「食べられるなら、君に」と魚に言われたランは、全力で取り組むことを決意する。とうとう、その日が来て……。

原作・脚本 工藤直子
絵 保手浜 孝
すずき出版／高

185

特別編 ① 世界の昔話

脚本 与田凖一
画 田畑精一
童心社／低

『おとうさん』

　南の島にマンガラン・グリーン・ベクーという魔物がいた。川で水浴びをしている親子の姿に、ひとりぼっちの魔物はうらやましくなり、お父さんに変身し、男の子をさらってしまう。本物のお父さんと魔物のお父さん、見分けがつかないので、王様が裁きを下し、魔物は退散する。魔物が変身の際に唱える呪文は、実演後に説明が必要。色使いや登場人物の描写が異国の雰囲気を感じさせる。スマトラの昔話。

矢崎節夫・文
すがわらけいこ・絵
教育画劇／低

『トラよりつよいカエルくん』

　小さくて弱い者が大きくて強い者に勝つためには、いったいどうしたらいいのか。ある日、カエルはトラにでくわしてしまった。食べられてなるものかと、カエルは体を大きく膨らませ、自分はカエルの王様だと言い放ち、川を飛び越える競争をトラにもちかける。カエルはトラのしっぽにつかまってトラより先に着地する。知恵を働かせたカエルの勝ち！　ユーモラスな絵ともあいまって楽しい作品。チベットの昔話。

脚本・絵 イ・スジン
童心社／中

『アリとバッタとカワセミ』

　なぜ、アリの胴がくびれ、バッタの髪がなくなり、カワセミのくちばしが長くなったのかという由来を伝える韓国の昔話。3人は仲よしだが、アリが麦飯を持ってくると、負けず嫌いのバッタはもっといいものを取ってくると池へ行く。カワセミは池で魚を捕まえ、アリと2人でバッタを待っていると、魚のお腹の中からバッタが現れて驚くのだが……。韓国らしい独特の色彩、表現方法による絵も大変興味深い。

❷　絵本・読みもの・紙芝居ガイド

『やせためんどりとキツネ』

　貧しいおばあさんに飼われているめんどりは、あまりにやせ細り、山へ行ってたくさん食べて太ってくることにする。途中、キツネに食べられそうになり、太ってから必ず戻ってくると約束する。やがて、めんどりは丸々と太ってたくましい母となり、12羽のヒナを連れて山を下りる。そして、待っていたキツネをやりこめて追い払う。めんどり母さん、すばらしい。明るく豊かな色彩の絵もとてもいい。イタリアの昔話。

再話　剣持弘子
脚本・絵　剣持晶子
童心社／中

『かあさんのイコカ』

　ファティマは、イコカ（しゃもじ）を川に流してしまい、イコカを追って川底の精霊の家にたどり着く。7日働いたら家に帰してやると言われ、ファティマはその通りにし、3つのひょうたんをもらって母さんのもとへ。ひょうたんを割ると、宝物と家が出てきたのを欲深い隣の母娘が見ていたのだが、はたして……。遊び心のあるコラージュもおもしろく、また迫力ある絵で24枚の長編作品。ナイジェリアの昔話。

脚本・絵　降矢洋子
童心社／高

『花ぬのむすめ』

　ホワピェンは村の誰よりも花布を織ることが上手だ。そのうわさを聞きつけ、都の皇帝はホワピェンをむりやり召し抱え、牢に閉じ込めて、生きたおんどりや鹿が飛び出す花布を織れと命じる。ホワピェンが竜を織りあげたとき、竜は布から飛び出して皇帝をひと飲みにし、都を焼き払い、ホワピェンを背に乗せて天へと上っていく。それからは、村に虹がかかると人々はホワピェンの花布だと言うようになる。中国の昔話。

脚本　ときありえ
絵　尾崎曜子
童心社／高

187

特別編 ② 平和

脚本 いぬいとみこ
画 津田櫓冬
童心社／低

『トビウオのぼうやはびょうきです』

　南のサンゴ礁のそばにトビウオの親子が暮らしている。ある朝、突然、海が揺れ、恐ろしいことが起こる。空から降ってきた白い粉を浴びた坊やは、次第に具合が悪くなっていく。1954年3月1日、アメリカが行ったビキニ環礁の水爆実験の実話をもとにしている。被爆したマグロ漁船第五福竜丸をはじめ、多くの漁船が被害に合っていること、マーシャル諸島の人々のことも合わせて知るきっかけになる作品。

山本典人・作
井口文秀・絵
汐文社／高

『嘉代子ざくら』

　将来は学校の先生になりたいと言っていた林嘉代子さん。しかし、1945年8月9日、その夢は断たれる。長崎に原子爆弾が落とされる。浦上の城山小学校に勤労動員の女学生・林嘉代子はいた。両親は必死で探すが、なかなか見つからない。8月30日、やっと嘉代子を見つけ、小学校の校庭で茶毘に付す。お母さんは嘉代子やほかの女学生の魂を慰めたいと、城山小学校の校庭に桜の木を植える。実話をもとにした作品。

宮崎二美枝・脚本
江口準次・絵
汐文社／高

『原爆の子　さだ子の願い』

　広島市の平和記念公園に「原爆の子の像」が建っている。折り鶴を掲げた像のモデルは実在した佐々木禎子さんだ。原爆が投下されたとき、さだ子は2歳。しかし、何事もなく育って運動が得意な小学6年生になった。ところが、体の具合がおかしくなり、とうとう入院することになる。日々、鶴を折りながらよくなりたいと願うも、その願いはかなわなかった。その後、さだ子の友人たちの募金運動によって像が建つ。

❷ 絵本・読みもの・紙芝居ガイド

『父のかお 母のかお』

姉の和子は16歳、弟の昭一は7歳。戦争で親も家も失い、東北の祖母の家に身を寄せるが、祖母も亡くなり、2人で暮らしている。昭一が復員兵を連れてきたので、和子は困惑するが、それでも泊めることにする。夕食のとき、昭一が両親の顔を聞くので「あんたはお母さんそっくり。私はお父さん」と和子。翌日、復員兵の姿はなく、2枚の絵と手紙が残されていた。戦災孤児を描いた、紙芝居ではめずらしい作品。

脚本 ときわひろみ
絵 渡辺享子
雲母書房／高

『のばら』

原作 小川未明

大国からは老兵が、小国からは若い兵が2つの国の国境の守りについている。ある朝、咲き始めた野ばらを見て、老人と若者は初めて言葉を交わし、やがて親しくなる。しかし、2つの国のあいだに戦争が起こり、若者は戦場に向かう。老人は若者の無事を平和を願うが、小国は負け、若者の死を知る。怒りと深い悲しみを胸に老人は山を下りていく。ピアノの音色が流れるシーンなど、堀尾青史らしい脚色が加えられている。

脚本 堀尾青史
画 桜井誠
童心社／高

『平和のちかい 「原爆の子」より』

広島に原爆が落とされたときの様子が、子どもたちの姿を通して描かれる。母を助けられなかった健一と父。自分はもう食べられないから、おばさんの子どもにあげてと、きよ子の母に言って息をひきとった女の子。それから6年が経ち、きよ子は中学2年生になる。心ない男の子たちに顔のケロイドをからかわれたそのとき、男の子たちをいさめたのは健一だった。苦しみ悩みながらも、子どもたちは懸命に生きていく。

作 稲庭桂子
画 佐藤忠良
童心社／高

執筆者一覧 ★印は編集委員／肩書きは執筆当時＝2019年2月現在

はじめに
岩辺泰吏（いわなべたいじ）代表　元東京都公立小学校教諭　元明治学院大学教授★

1　アニマシオンで道徳　私たちの授業づくり

石井広昭（いしいひろあき）埼玉県公立小学校教諭
宮崎大策（みやざきだいさく）東京都公立小学校教諭
藤條　学（とうじょうまなぶ）東京都公立小学校教諭
笹島朋美（ささじまともみ）東京都公立小学校教諭
笠井英彦（かさいひでひこ）事務局長（代表：2019年4月〜）　静岡市立中学校教諭★

② 道徳4つの領域・22の徳目で紹介
絵本・読みもの・紙芝居ガイド

絵本・読みもの

渡部康夫 (わたなべやすお) 副代表　元川崎市立小学校教諭
　　　　　　　　　　　　　いぬくら子ども文庫主宰　日本子どもの本研究会・副会長★

千田てるみ (せんだてるみ) 元東京都公立小学校教諭　日本子どもの本研究会

平島和子 (ひらしまかずこ) 元横浜市公立小学校学校学校司書　日本子どもの本研究会

滝脇れい子 (たきわきれいこ) 元東京都公立小学校教諭　日本子どもの本研究会

田邊妙子 (たなべたえこ) 元東京都公立小学校教諭

津金由美 (つがねゆみ) 元千葉県公立小学校教諭

根岸由美子 (ねぎしゆみこ) 東京都公立小学校教諭

廣畑　環 (ひろはたたまき) 元東京都公立中学校教諭　日本子どもの本研究会

金指孝造 (かなざしこうぞう) 元東京都公立小学校教諭

大谷清美 (おおたにきよみ) 元東京都公立中学校教諭

田所恭介 (たどころきょうすけ) 副代表　元東京都公立小学校教諭★

増田栄子 (ますだえいこ) 元千葉県公立中学校教諭　清泉女子大学非常勤講師
　　　　　　日本子どもの本研究会

平嶋悦子 (ひらしまえつこ) NPO法人ウーヴ理事長

太田和順子 (おおたわじゅんこ) 千葉県市川市立小学校学校司書　日本子どもの本研究会

福田孝子 (ふくたたかこ) 元埼玉県公立小学校教諭　日本子どもの本研究会

小山公一 (こやまこういち) 副代表　元東京都私立小学校教諭★

石井啓子 (いしいけいこ) 元東京都公立小学校教諭　日本子どもの本研究会
　　　　　　　　杉並区立済美教育センター学校図書館支援担当

栗原圭子 (くりばらけいこ) 元群馬県公立小学校教諭

紙芝居

泉　宜宏 (いずみよしひろ) 元東京都公立小学校教諭　都留文科大学教員

菊地好江 (きくちよしえ) 紙芝居を演じる会ひょうしぎ

〈通称〉アニマシオンクラブ

読書のアニマシオン研究会
紹介

アニマシオンとは、読書を含め、文化、スポーツ等にいざなうために「た
のしいひととき」をつくり出す社会文化活動です。私たちの研究会は、こ
のアニマシオンの手法を学びや読書、子どもの世界に応用しようと1997
年に発足しました。教員、司書を中心に、学校や図書館で使えるアニマ
シオンを開発・普及しています。

全国で200名以上の方が会員登録し、北海道、青森、徳島、鹿児島、沖縄に、ともに研
究し合う地域のアニマシオンクラブがあり、「読書のアニマシオン全国交流研究集会」
や公開研究会を開くなど、その理論や手法の研究を深めています。

毎月第1土曜日に、月例会をもち、すぐに使えるショート・アニマシオン、模擬授業
風ワークショップを行っています。どなたでも参加できます。

読書のアニマシオン研究会（アニマシオンクラブ）

- 代表　笠井英彦
- 月例会　毎月第一土曜日　13:00~16:00　／詳細は、ホームページにて。
- 年会費　2000円（メール会員は1500円）
- 会員には、機関紙『ファンタジスタ！』（隔月刊）をお届けします。
- 連絡先　事務局　笠井英彦
　　　　　tel/fax 050-3440-4947　E メール hidehikok@yahoo.co.jp

地域のアニマシオンクラブの連絡先

- 北海道アニマシオンクラブ　　　佐藤広也　　　housoukatanteidan@nifty.com
- 青森アニマシオンクラブ　　　　佐々木あさ子　kosaakisasa@yahoo.co.jp
- 徳島アニマシオンクラブ　　　　広澤貴理子　　k57kiriko@mg.pikara.ne.jp
- かごしまアニマシオン倶楽部　　久川文乃　　　aya.hisakawa123@gmail.com
- 沖縄アニマシオンクラブ　　　　比嘉千恵美　　desk_pencil_chiezou@yahoo.co.jp

「読書のアニマシオン」関連サイト

- 読書のアニマシオン研究会ホームページ　　　http://www.animation-club.net/

主な出版物

- 『ぼくらは物語探偵団 まなび・わくわく・アニマシオン』1999年　柏書房
- 『はじめてのアニマシオン 1冊の本が宝島』2003年　柏書房
- 『子どもの心に本を届ける　30のアニマシオン』2016年　かもがわ出版

●本書の制作にあたりお力添えくださった出版社のみなさまに、
　お礼申し上げます。

カバー・表紙・とびらイラスト、パラパラマンガ　関口シュン
カバー・本文デザイン　青山 鮎

楽しむ・うたがう・議論する

アニマシオンで道徳

2019年6月21日　第1刷発行

編著者●岩辺泰吏&読書のアニマシオン研究会
発行者●竹村正治
発行所●株式会社　かもがわ出版
　　　　〒602-8119　京都市上京区堀川通出水西入
　　　　TEL　075-432-2868　　FAX 075-432-2869
　　　　振替　01010-5-12436
　　　　ホームページ　http://www.kamogawa.co.jp
印刷所●株式会社　光陽メディア
ISBN 978-4-7803-1011-5　　C0037

巨大スポーツイベントに？の人も、！の人も
子どももオトナも、読めばきっと語りたくなる！

12の問いから始める
オリンピック・パラリンピック研究

きみはどう思う？

編著 坂上康博（一橋大学教授）　　イラスト・くにともゆかり

執筆者（五十音順）
阿部武尊（一橋大学大学院）／岡本純也（一橋大学准教授）
尾崎正峰（一橋大学教授）／川田幸生（一橋大学大学院）
黒須朱莉（びわこ成蹊スポーツ大学講師）
坂なつ子（一橋大学教授）
鈴木直文（一橋大学教授）／鈴木楓太（早稲田大学客員研究員）
冨田幸祐（日本体育大学助教）／中村英仁（一橋大学准教授）

オリンピック・パラリンピックの理念・歴史からスポーツとナショナリズム、ジェンダー、開催費、社会的排除などの問題まで、データをもとに、明確な事実を示し、スポーツと社会のあり方を考えます。

本文2色刷／B5判上製／128ページ
●定価（本体3000円＋税）　NDC780

＼12の問いからさらなる問いへ／

かもがわ出版

「どの絵本読んだら いいですか?」

元「童話屋」読書相談員・向井惇子講演録

選んで 読んで 幼い子どもと楽しむ絵本

数千人の子育てママから慕われつづけた絵本アドバイザー、向井惇子さんの講演が、一冊の本になってよみがえりました。「100冊の絵本リスト」と「読みものリスト」も掲載。

向井ゆか◆編
四六判変型／144ページ
●定価（本体1200円＋税）

かもがわ出版

子どもの心に本をとどける 30のアニマシオン

岩辺泰吏 & 読書のアニマシオン研究会 編著

アニマシオン
「アニマ anima（魂・心）」をいきいきと動かし、楽しむこと

子どもの心に本を届ける——
私たちは、橋を架ける人でありたいと思います。
本と子ども、子どもと子ども、
子どもと世界とに、橋を架けること。
この本は、そんな願いを分かちあう
笑顔の手法をおとどけします。

やってみよう！
読書の
アニマシオン

＼ アニマシオン 3つのコンセプト ／

楽しさ 心から楽しいと思える時間と場所と仲間を用意し、この世界への知的な好奇心を育てます。

推理 なぜだろう?と考えるようにいざなう「読み」が、自らも「問い」をもって読みすすめる主体性を育てます。

協同 仲間とわいわい読んでいけば、本の世界のイメージも豊かになり、違いを越えて理解しあう関係性を広げます。

A5判／188ページ／並製
●定価（本体1800円+税）

かもがわ出版